集人文社科之思 刊专业学术之声

集 刊 名：法律和政治科学
主　　管：西南政法大学
指　　导：西南政法大学期刊社
主　　办：西南政法大学行政法学院　政治与公共管理学院
主　　编：周尚君

LAW AND POLITICAL SCIENCE Vol.4 2021 No.2

2021年第2辑·总第4辑

集刊序列号：PIJ-2018-334
中国集刊网：www.jikan.com.cn
集刊投约稿平台：www.iedol.cn

法律和政治科學

LAW AND POLITICAL SCIENCE

国家治理中的政治理性

2021 年第 2 辑 · 总第 4 辑

Vol.4 2021 No.2

周尚君　主编

社会科学文献出版社

SOCIAL SCIENCES ACADEMIC PRESS (CHINA)

目 录
CONTENTS

专 论

迈向法治化：公共卫生治理转型与路径选择 ········ 张剑源 / 003
权力关系的虚实互置：组织化政党的兴起对古典宪制
    模式的重构 ·································· 张建伟 / 026

政 法

中央与地方互动性"试验"改革及其法治转向
    ···································· 刘志伟 / 051
避险：多重逻辑下的法官司法行为 ············· 张 瑞 / 071

治 理

"执法"与"政教"之间：基层治安实践中的政治理性
    ——以公安派出所的日常工作为中心 ········ 晁 群 / 107
约束与塑造：国家治理现代化中的"政治学习"
    ···································· 王岩泽 / 133

思 想

五百年来意大利关于马基雅维利《君主论》的研究

······················〔意〕乔瓦尼·乔吉尼 著　李锐思 译／159

书 评

在野之学："华中乡土派"的研究方法 ·············· 罗兴佐／183

制度与组织：一个综合性理论

　　——兼论新制度主义对法社会学的意义 ··········· 吴剑峰／196

稿　约 ·· 229

2021年第2辑·总第4辑

法律和政治科学
LAW AND POLITICAL SCIENCE

Vol.4, 2021 No.2

专　论

《法律和政治科学》（2021 年第 2 辑·总第 4 辑）
第 003~025 页
© SSAP，2021

迈向法治化：公共卫生治理转型与路径选择[*]

张剑源[**]

【摘　要】随着现代科学技术的发展，卫生治理问题业已成为一个涉及所有民众福祉，同时关涉社会秩序建构的重要公共问题和法治问题。新中国成立以后，科学的普及、群众路线，以及制度的完善，为公共卫生治理法治化的建立和发展奠定了基础。改革开放以来，我国公共卫生治理法治化的进程不断加快。除了充分吸收世界各国的先进经验、积极参与全球公共卫生治理外，我国在公共卫生治理法治化进程中也不断创造着自己的经验。"以人民为中心"原则的确立、公共卫生治理法治化的系统推进，以及法治框架下国家治理能力的有效发挥，促进了中国特色公共卫生治理法治进程不断向前发展。

【关键词】公共卫生；治理；法治；突发公共卫生事件

---

* 本文系国家社科基金项目"公共卫生治理法治化问题研究"（项目编号：15CFX064）成果之一。
** 张剑源，法学博士，云南大学教授，博士生导师。

公共卫生治理的转型和变迁过程，实际上也是一个人类对疾病、健康以及更广泛意义上公共卫生问题认识变迁的过程。过去由于科学知识和技术的匮乏，人类对疾病、健康以及更广泛意义上卫生问题的认识，更多只能停留在意识和观念层面，呈现为一种仪式的表达或隐喻性话语。随着现代科学技术的发展，人类对疾病、健康以及更广泛意义上的卫生问题的认识发生了根本转变。一方面，科学技术的发展改变了人们根深蒂固的观念和意识，揭示了健康和疾病的生物学根源，科学技术日益取代仪式和隐喻性话语，成为人类应对疾病、维护健康的首要选择；另一方面，由于人们对整体健康发展的需求日益激增，疾病和健康的问题引发了越来越多的社会伦理问题，比如公共卫生资源的分配问题、公共卫生危机时期公共利益与个人自由的协调问题，等等。因此，疾病和健康的问题在成为一个科学问题的同时，也日益成为一个涉及所有民众福祉及社会秩序的重要公共问题和法律问题。如何处理好由疾病和健康问题引发的诸多社会伦理问题，成为公共卫生治理过程中一个尤为关键的议题。

本文将对我国公共卫生治理法治化的形成和发展过程进行讨论。本文将表明，随着社会的发展变化，公共卫生治理从总体上经历了从基于仪式的治理到基于科学的治理的变迁过程，同时也经历着一个不断迈向法治化的过程。现代社会的发展以及国家治理的需要决定了迈向法治化将是公共卫生治理必然的选择。法治化程度的高低将从根本上决定着公共卫生问题解决的程度和效能。从全球范围看，迈向法治化已经成为各个国家公共卫生治理的最为重要的选择。① 只不过，法治化所要解决的问题会基于不同国家的不同社会现实而呈现出诸多不同之处。法治化道路也必然呈现

---

① 参见龚向前《世卫组织〈国际卫生条例〉争端解决机制研究》，《武大国际法评论》2020 年第 3 期；季华《世界卫生组织体系下的国际卫生法律机制：历史与现状》，《国际法学刊》2020 年第 3 期；施建华等《国外突发公共卫生事件应急处置体系及对我国的启示》，《中国卫生政策研究》2014 年第 7 期。

出较为多样化的特点。

一 卫生治理的转型：从传统到现代

治理模式的选择从根本上取决于一个国家和社会对治理对象的准确认识以及治理目标的确立。就卫生治理的问题来说，从历史的视角看，人们对疾病的认识，在不同的历史时期存在着很大的不同。知识水平影响着人们看待疾病和卫生问题的态度，也决定着不同社会形态中人们的卫生治理模式选择。总体而言，无论是全球还是中国社会，卫生治理实际上都经历了着一个从基于仪式的治理到基于科学的治理的转变，卫生治理的问题也不断从一个相对隐秘的问题向公共性问题转型，这一转型过程为当代公共卫生治理向法治化转型奠定了基础。

（一）传统社会中的卫生治理

人类学研究较早注意到疾病和卫生问题。早期的医学人类学侧重于探讨民族医学历史演变以及民族医学对疾病的解释，其理论框架多以文化阐释为主。[①] 比如人类学家普里查德（E. E. Evans-Prit-chard）在有关阿赞德人的研究中就发现："不管是什么样的病，阿赞德人都会把它归因于巫术与妖术，然而这并不意味着他们完全不考虑次要原因，他们承认有次要原因，然而只在一定程度上承认，而且一般还会认为这些次要原因与巫术和魔法有关。"[②] 在传统中国社会，在现代科学技术传播和普及之前，那种类似于普理查德笔下的阿赞德人对疾病和卫生问题的认识，实际上也在农村基层社会广泛存在，并得到了学术研究者的关注。比如，人类

---

① 景军、何明：《人类学视野下的传染病研究》，《民族研究》2020 年第 5 期。
② 〔英〕E. E. 埃文思 - 普里查德：《阿赞德人的巫术、神谕和魔法》，覃俐俐译，商务印书馆，2006，第 493 页。

学者许烺光在20世纪40年代对滇缅公路附近西城村民在面对霍乱时候"打醮"仪式的田野记录，实际上就较为生动地反映了人们在面对疾病时的具体行动倾向及其背后的文化根源问题。①

在缺乏现代科学技术的时代，人们对疾病更多还是一种非生物学意义上的认识。针对疾病和病人所产生的各种各样的意义阐释，在很大程度上对人们的行动以及决策产生了重要影响。在这种情况下，疾病防控所呈现出的往往并不是一种人与病毒的生物学意义上的直接对话，而更多呈现为一种人与意义世界的对话。人们更愿意相信，疾病的出现与意义世界密切相关。因此他们相信，要摆脱疾病，就必须依靠意义世界的庇护。也因此，仪式成为一种人们在面对疾病时最为常见的行动模式。这实际上是有关现代科学技术普及以前，人们如何看待疾病，以及如何进行疾病和卫生"治理"的一个具体面向。除此之外，意义阐释还会对人与人之间的关系产生影响。它使得人们之间不断产生诸如"清洁与不洁""善与恶""报应"等观念和分类系统。② 桑塔格把这种状况概括为一种有关疾病的"隐喻"，较好地概括了过去疾病和卫生治理过程中所产生的那种人们对疾病的认知，甚至是"幻想"。③

总之，过去在传统社会，由于现代科学技术和知识的匮乏，对疾病问题的理解、对疾病和卫生问题的"治理"更多体现为一种话语建构、一种仪式。基于仪式的治理，实际上也成为人类卫生治理的最初模式，这与后来基于科学的公共卫生治理模式有着非常大的差异。

---

① 参见许烺光《驱逐捣蛋者：魔法、科学与文化》，王芃、徐隆德、余伯泉合译，台北：南天书局，1997。
② 参见王启梁《迈向深嵌在社会与文化中的法律》，中国法制出版社，2010，第148页。
③ 〔美〕桑塔格：《疾病的隐喻》，程巍译，上海译文出版社，2003，第37~38页。

（二）从仪式到公共性问题的转型

应该说，无论是普理查德的阿赞德人研究，还是许烺光的仪式研究，实际上都揭示了传统社会通过仪式的治理在疾病和卫生应对中的具体状况。虽然这种状况在大多数地方已成为历史，然而，诚如互动论者所说的，人其实就是文化这种意义之网上的动物。① 因此，很多时候，通过仪式的治理可能还会在一些地方继续存在，并会对人的行动产生影响。② 只不过，我们需要关注的是，在一个传统与现代并存和交织的时代，这种"交织"又会对个体的行动、对公共卫生治理的路径选择带来什么影响。

在之前一项有关"小孩夜哭"的研究中，我们发现，即便是在现代科学技术越来越普及的今天，在很多偏远的地方依然存在通过仪式治疗的情况。对于那些依然身处"意义之网"，却又受到现代科学技术熏陶的人来说，"知识离散不整"成为一种影响人们具体行动的重要因素。面对意义阐释与科学知识的"交织"，人们在究竟是选择仪式还是选择现代医学技术治疗的时候，常常表现出一种并非绝对肯定或绝对否定的态度，而是一种相对摇摆的态度。"知识离散不整"对人们的不同行动和选择产生了极为重要的影响。在这种时候，人们往往会及时作出评估，以判断何种知识、何种措施是最可及的、最能帮助自己的。③ 也因此，问题转换为一个在现代医学技术发展起来以后，现代医学知识能否更占据优势地位，以及公共卫生供给是否能够有效惠及民众的公共性问题，同时也

① Susanne Schech、Jane Haggis：《文化与发展：批判性导论》，沈台训译，台北：巨流图书公司，2003，第40~41页。
② 这实际上也正如许烺光先生后来在有关香港沙田的研究中所发现的，进入现当代社会，宗教和科学总是相互交织在一起的。参见许烺光《驱逐捣蛋者：魔法、科学与文化》，王芃、徐隆德、余伯泉合译，台北：南天书局，1997，第8页。
③ 张剑源：《疾病的意义阐释、医学回应与制度追问——以滇西北 D 县"小孩夜哭"个案为中心展开》，《广西民族研究》2014 年第 1 期。

是一个有关医疗资源分配与医疗服务可及的问题。[①]

从实践面向看，随着国家公共服务职能的不断提升，一旦疾病和卫生问题发生，国家和政府为了民众健康，势必需要进一步强化现代科学技术和医疗技术在不同知识体系中的竞争力，不断提升人们在医疗健康领域的可及性、可获得性。就我国来说，新中国成立初期，面对广大基层社会缺医少药、卫生防疫薄弱的状况，中国共产党在领导人民恢复国民经济的同时，把防治传染病、地方病和职业病作为卫生工作的首要任务。[②] 在此之后，群众日益增长的医疗卫生需求一直都是医疗卫生事业发展的动力。[③]

总之，现代科学技术和医疗技术的日益普及，正不断打破过去仪式对卫生治理的垄断局面。这是一个人类对自然、生物，甚至包括对人与人关系认知不断加深的过程。随着现代社会的发展，卫生问题不再被看作一个有关人与意义世界对话的问题，而是一个现代科学意义上的生物问题、技术问题，更是一个涉及所有民众福祉的重要的公共性问题。也可以说，当卫生问题不再被看作一种神秘性的产物，不再依赖于仪式，而是将通过现代科学技术的手段顾及绝大部分民众的福祉的时候，卫生治理实际上就已经走上了一条公共性的道路。

二 迈向公共卫生治理

为了更为准确地理解当代中国公共卫生治理的路径选择，接下来，我们将会对新中国成立后公共卫生治理确立的过程进行一

---

① 相关研究实际上也支持了这种可能性，比如国内外很多研究都揭示了社会经济地位、社会资本等对健康不平等的影响。参见王甫勤、马瑜寅《社会经济地位、社会资本与健康不平等》，《华中科技大学学报》（社会科学版）2020年第 6 期。

② 吴俊、叶冬青：《新中国公共卫生实践辉煌 70 年》，《中华疾病控制杂志》2019 年第 10 期。

③ 参见张永良《对农村医疗卫生机构布局之管见》，《医院管理》1982 年第 9 期。

定的讨论。此部分将表明，新中国公共卫生治理的确立始终与科学的普及、群众路线与制度化三个要素密切相关。

（一）科学的普及

1952年底，《政务院关于一九五三年继续开展爱国卫生运动的指示》中指出："大力进行卫生宣传教育，普遍提倡勤洗衣、勤洗澡、不喝生水、不吃生菜生肉、不随地吐痰便溺等良好的个人卫生习惯，普及预防疾病知识。对于劳动卫生和妇婴卫生知识，尤应注意宣传推广。"① 这些措施，从根本上改变了当时我国的医疗卫生状况。到1953年底，卫生部所属医院共有3068所。全国病床数比新中国成立前的最高水平增加了411%。妇幼卫生工作的开展使产妇和初生儿的死亡率大为降低。② 1958年，《中共中央、国务院关于除四害讲卫生的指示》中对"除四害""讲卫生"等工作的科学性问题进行了更为系统的阐述：

> 消灭疾病，保卫人民的生命和健康，这就是保护世界上最重要的财富和最重要的生产力。为此目的，必须讲求环境卫生和个人卫生，必须预防疾病的发生，制止疾病的传播。……我们不但要征服人类的疾病，而且要征服家畜、家禽和作物的病害、虫害和兽害。这个斗争，是人类征服自然改造自然的伟大战争的一个重要方面，是我国人民转病弱为健强、转落后为先进的伟大文化革命的一个重要方面，对于提高劳动效率、发展工农业经济、改善人民生活有密切的关系。③

---

① 周恩来：《中央人民政府政务院 关于一九五三年继续开展爱国卫生运动的指示》，《中医杂志》1953年第1期。

② 《中华人民共和国第一届全国人民代表大会第一次会议文件》，人民出版社，1955，第69页。

③ 中共中央文献研究室编《建国以来重要文献选编》（第十一册），中央文献出版社，1995，第165~166页。

在这场卫生运动中，"移风易俗"以及充分运用医药科学技术成为极为重要的方面。① 实际上，这场卫生运动也在很大程度上实现了通过现代科学技术改造医疗方式、改造卫生防疫工作的目的。

（二）群众路线

与其他领域工作十分重视群众路线一样，在解决卫生与疾病问题、促进人民健康的过程中，群众路线同样是最为重要的工作方式。1952 年底，《政务院关于一九五三年继续开展爱国卫生运动的指示》中就指出，爱国卫生运动"提供了卫生工作与群众运动相结合的丰富经验"②。1965 年 6 月 26 日，毛泽东同志作出"把医疗卫生工作的重点放到农村去"③ 的重要指示，更进一步强调了卫生工作与群众路线的结合。关于这一重要部署及其实践意义，1965 年 9 月 1 日《人民日报》社论进行了系统的阐释：

> 把医疗卫生工作的重点放到农村去。这样，医疗卫生工作才不会脱离主要的服务对象，才能体现出人民卫生工作的根本特点；……逐步改变农村缺医少药的落后状况；才有利于更好地推动医务人员同工农群众结合，特别是同广大的贫下中农结合……④

---

① 徐运北：《多快好省地发展医疗卫生事业更好地为社会主义建设服务 卫生部副部长徐运北在"家庭病床"经验交流现场会议上的讲话（摘要）》，《中医杂志》1958 年第 7 期。

② 周恩来：《中央人民政府政务院 关于一九五三年继续开展爱国卫生运动的指示》，《中医杂志》1953 年第 1 期。

③ 中共中央文献研究室编《毛泽东著作专题摘编》（下），中央文献出版社，2003，第 1656 页。

④ 《切实把医疗卫生工作的重点放到农村去》，《人民日报》1965 年 9 月 1 日，第 1 版。

之后一段时间，在广大农村基本实现"小病不出村，大病不出乡"，同时，以"三级医疗预防保健网、合作医疗制度和赤脚医生"为三大特征的预防保健体系不断完善。① 特别是"赤脚医生"的普及更是使医生和病人的关系发生了显著变化，使过去病人向医生"求医求药"不断转变为医生向病人"送医送药"，很多基层地方的常见疾病发病率显著下降。②

这些面向基层的预防保健体系，通过不断接近群众的工作方式，将医学知识和技术带到了广大农村，同时也从基层社会中汲取有益成分，为我国公共卫生事业的发展奠定了基础，也为公共卫生治理向现代化转型作出了积极贡献。阿马蒂亚·森在其有关发展的研究中就将新中国这种经验概括为一种"扶持导致"（support-led）的社会安全网建设经验，特别强调其是一种在特定社会物质条件下通过精心策划的医疗保健项目，旨在通过合理的社会安排改进人们的生活条件。③

（三）制度化

正是因为有科学知识和技术的推广和普及，以及群众路线的工作方式的推进，新中国成立初期，我国的公共卫生治理取得了长足发展。当然，也形成了独具中国特色的工作模式和治理方式。为了更好地促进工作的开展，巩固这些既有的经验，制度化的建设一直也是公共卫生治理的一项重要工作。

早在1957年，全国人民代表大会常务委员会就颁布了《中华人民共和国国境卫生检疫条例》，虽然当时这一条例只有8条，但

---

① 吴俊、叶冬青：《新中国公共卫生实践辉煌70年》，《中华疾病控制杂志》2019年第10期。
② 《赤脚医生苗壮成长——江苏省扬州地区的调查报告》，《人民日报》1974年6月27日，第4版。
③ 〔印〕阿马蒂亚·森：《以自由看待发展》，任赜、于真译，中国人民大学出版社，2013，第37页。

是已经凸显了国家对鼠疫、霍乱、黄热病、天花、斑疹伤寒和回归热等传染病及其相关公共卫生问题的密切关注以及积极回应，并以科学知识为基础建立起了相应的制度性应对机制。1963 年，卫生部发布《预防接种工作实施办法》，明确预防接种是预防和控制相应的传染病发生或流行的重要措施之一。计划接种以及更广泛意义上的流行病防治措施不断迈向制度化、规范化。[1] 1964 年卫生部颁布《卫生防疫站工作试行条例》，规定了卫生防疫站的职责，强化了其在公共卫生治理中的机构责任。[2] 除此之外，通过制度建设，很多现代医学举措、群众路线的工作方式逐渐迈向规范化，成为一种常态化的工作机制。

总之，新中国成立初期，国家十分重视公共卫生治理的问题。科学知识的传播、群众路线，以及制度的不断完善，初步奠定了我国当代公共卫生治理的基础，也为公共卫生法治的常态化奠定了基础。[3]

三　迈向法治化的公共卫生治理

法治化意味着国家通过立法和法律实施，将公共卫生治理的具体措施规范化、制度化，促进公共卫生治理进一步向规范化、常态化发展。同时，法治化还意味着国家以法治的方式解决公共卫生领域由于疾病防控所引发的诸多社会议题和纠纷争议。

（一）立法

新中国成立初期，科学知识的普及、群众路线，以及制度建

[1] 《中华人民共和国卫生部发布预防接种工作实施办法》，《广东卫生防疫资料》1976 年第 2 期。
[2] 戴志澄：《中国卫生防疫体系五十年回顾——纪念卫生防疫体系建立 50 周年》，《中国公共卫生管理》2003 年第 5 期。
[3] 李广德：《我国公共卫生法治的理论坐标与制度构建》，《中国法学》2020 年第 5 期。

设为我国公共卫生治理法治化奠定了重要基础。改革开放以后，我国公共卫生治理法治化的进程不断加快，国家层面和地方层面有关公共卫生的立法和政策不断出台，为公共卫生治理法治化的不断向前发展奠定了重要基础。

1. 综合性公共卫生立法

1978年《中华人民共和国急性传染病管理条例》颁布，国家通过法律的形式确立了预防为主的传染病防治方针，同时确立了传染病防控过程中预防、报告、处理的基本制度。该条例为之后"传染病防治法"的颁布奠定了基础。1989年，《中华人民共和国传染病防治法》颁布实施，该法除了进一步明确了"国家对传染病实行预防为主的方针"外，还确立了"防治结合，分类管理"的基本原则，明确了"本法规定管理的传染病分为甲类、乙类和丙类"。同时，该法还对传染病防治的预防、控制、监督作出了详细规定。2003年，"非典"疫情暴发，《突发公共卫生事件应急条例》在2003年5月9日出台，该条例对突发公共卫生事件的预防和应急准备、报告与信息发布、应急处理等作出了明确规定。2004年，《中华人民共和国传染病防治法》进行了修订。2007年，《中华人民共和国突发事件应对法》颁布。2011年，《突发公共卫生事件应急条例》进行了修订。2018年，《中华人民共和国国境卫生检疫法》进行了第三次修正。2019年，《中华人民共和国基本医疗卫生与健康促进法》颁布。

2. 专门性公共卫生立法

除了上述相对综合性的公共卫生相关法律法规外，公共卫生立法进程也在各个微观领域深入推进。1984年《中华人民共和国药品管理法》颁布，该法于2001年、2013年、2015年、2019年进行了四次修订（修正）。1986年《中华人民共和国国境卫生检疫法》颁布实施，该法对检疫、传染病监督等作出了规定。之后，该法于2007年、2009年、2018年进行了三次修正。1987年《公共场所卫生管理条例》颁布，该条例在 2016 年和 2019 年进行了两次修订，对公共场所的卫生管理、卫生监督等进行了规定。1994 年《中华人民共和国母婴保健法》颁布，该法于 2009 年、2017 年进行了两次修正。1995 年《中华人民共和国食品卫生法》颁布实施，该法对食品卫生标准、食品卫生管理、食品卫生监督等作出了规定。1997 年《中华人民共和国献血法》颁布。2001 年《中华人民共和国职业病防治法》颁布，该法在 2011 年、2016 年、2017 年、2018 年进行了四次修正。2006 年《艾滋病防治条例》出台，该条例于 2019 年修订，国家针对艾滋病防控作出了详细规定。2007 年《中华人民共和国禁毒法》颁布，其中亦涉及较多有关公共卫生的规定。2009 年《中华人民共和国食品安全法》颁布实施，该法对食品安全风险监测和评估、食品安全标准、食品生产经营、食品检验、食品进出口、食品安全事故处置、食品安全监督管理等作出了详细规定。之后，该法于 2015 年、2018 年、2021 年进行了三次修订（修正），进一步完善了相关规定，以更好地适应社会发展的需要。2012 年《中华人民共和国精神卫生法》颁布，该法于 2018 年进行了修正。2016 年《中华人民共和国中医药法》颁布。2019 年《中华人民共和国疫苗管理法》颁布施行。新冠肺炎疫情突袭而至以后，2020 年 2 月，第十三届全国人民代表大会常务委员会第十六次会议通过了《全国人民代表大会常务委员会关于全面禁止非法野生动物交易、革除滥食野生动物陋习、切实保障人民群众生命健康安全的决定》。另外，在积极参与全球公共卫生法律治理方面，中国是《国际卫生条例（2005）》的缔约国。经全国人民代表大会常务委员会批准，我国先后加入《阿拉木图宣言》（确定 2000 年 "人人享有卫生保健" 的战略目标）、《世界卫生组织烟草控制框架公约》等一系列国际条约。

总之，经过不断努力，目前我国已初步建立起公共卫生法律保障框架，涉及共计 30 余部法律，其中包含 10 余部与公共卫生相关的专门法律；此外，在有关法律中涉及诸多的公共卫生法律条款。①

（二）法律实施

整体意义上公共卫生治理的法治化进程，除了通过立法和规范化制度建设以阻止疾病的传播外，同时也包括充分利用法治方式解决由疾病所引发的诸多社会伦理问题。

1. 执法领域

在我国，各级人民政府及各类行政机关负有依照法律规定维护公共卫生治理秩序的职责和使命。一方面，为更好维护公共卫生秩序，行政机关需要通过严格执法，对公共卫生治理落实不到位之处、对破坏公共卫生秩序的行为予以规制。最典型的比如卫生监督执法、传染病防治监督执法等。② 另一方面，政府及行政机关在执法过程中同时特别强调对个体权利的保障，以弥合社会整体安全与个体权利之间的潜在紧张关系。比如，在应对新冠肺炎疫情阻击战过程中，民政部办公厅在 2020 年 2 月 11 日就曾发出过《关于做好因新冠肺炎疫情影响造成监护缺失的儿童救助保护工作的通知》，针对困境儿童提出"确保生活兜底到位"等要求。再比如，2020 年 2 月 28 日发布的《国务院应对新型冠状病毒感染肺炎疫情联防联控机制关于进一步做好民政服务机构疫情防控工

---

① 沈春耀：《全国人民代表大会常务委员会法制工作委员会关于强化公共卫生法治保障立法修法工作有关情况和工作计划的报告——2020 年 4 月 26 日在第十三届全国人民代表大会常务委员会第十七次会议上》，《中华人民共和国全国人民代表大会常务委员会公报》2020 年第 2 期。

② 参见蓝峰《呼和浩特市人大常委会执法检查组关于检查〈中华人民共和国传染病防治法〉和〈突发公共卫生事件应急条例〉贯彻实施情况的报告——2020 年 8 月 26 日在呼和浩特市第十五届人民代表大会常务委员会第二十二次会议上 呼和浩特市人大常委会副主任 蓝 峰》，《呼和浩特日报》2020 年 10 月 6 日，第 4 版；参见张凯《抗击新冠肺炎疫情期间卫生监督执法模式探索与思考》，《中国卫生法制》2020 年第 6 期。

作的通知》要求各地对于受疫情影响在家隔离的孤寡老人、因家人被隔离收治而无人照料的老年人和未成年人，以及社会散居孤儿、留守儿童、留守老年人等特殊群体，要组织开展走访探视，及时提供帮助，防止发生冲击社会道德底线的事件。各地要建立社区干部联系帮扶一线医务人员家庭制度，帮助解决老幼照护等实际困难，解除一线医务人员后顾之忧。所有这些政策和举措，从法治的角度平衡了公共安全与个人权利之间有可能会出现的紧张关系，保障了弱势群体的基本生活和福祉，促进形成阻击病毒时更为坚固的团结局面。

2. 司法领域

同样以新冠肺炎疫情阻击战为例，在司法领域，一方面，人民检察院、人民法院对因破坏防控秩序引发的寻衅滋事、故意伤害，甚至故意杀人等犯罪行为积极展开调查、依法审判，维护了正常的防控秩序。① 另一方面，司法机关也特别强调在公共卫生治理过程中的"弥合性"问题，比如 2020 年 4 月 16 日最高人民法院发布的《关于依法妥善审理涉新冠肺炎疫情民事案件若干问题的指导意见（一）》中指出，审理涉疫情劳动争议案件时，如果"用人单位仅以劳动者是新冠肺炎确诊患者、疑似新冠肺炎患者、无症状感染者、被依法隔离人员或者劳动者来自疫情相对严重的地区为由主张解除劳动关系的，人民法院不予支持"。这些政策的出台和具体实践进一步深化了应对公共卫生事件的法治实践。

---

① 比如早在 2020 年 2 月，最高人民法院等部门专门出台司法政策，在特定时期对以危险方法危害公共安全罪、妨害传染病防治罪等罪名适用作出具体规范。参见 2020 年 2 月 6 日最高人民法院、最高人民检察院、公安部、司法部印发的《关于依法惩治妨害新型冠状病毒感染肺炎疫情防控违法犯罪的意见》。再比如，在 2020 年 4 月 16 日最高人民法院发布的第三批 8 个依法惩处妨害疫情防控犯罪典型案例中，涉及的犯罪情况包括：隐瞒旅居史、出境史且不执行隔离规定，致多人被隔离；不执行居家隔离规定出入公共场所，致多人被隔离；故意隐瞒密切接触史，引起新型冠状病毒传播的严重危险；确诊患者不如实告知活动轨迹，致多人未被及时隔离；违规收治发热病人，致多人被隔离等。

综上，在我国，新中国成立以后，特别是改革开放以来，基于立法的完善、执法和司法领域的具体实践，公共卫生治理法治化进程得到了较快的发展。

四　与西方国家公共卫生法治化之比较

西方国家在卫生问题上较早地引入了现代医学知识，建立起现代医学体系，因此相应的法治化实践实际上也较早地在西方国家出现。在立法方面，英国早在1848年就通过了《公共卫生法》，美国在1944年通过了《公共卫生服务法》。① 在公共卫生应急法治方面，从20世纪70年代开始，美国以《国家安全法》《全国紧急状态法》等为依据，制定了《全国紧急状态法》《公共卫生服务突发事件反应指南》《突发事件后的公共卫生服务指南》《国家灾难医疗反应系统》等，形成了专门的联邦应急法律体系。② 德国于2000年颁布了《预防和抗击人类传染病防治法》（IfSG），2020年为应对新冠肺炎疫情，德国对该法进行了修订，扩大了政府实施防疫措施的权力，对传染病的预防和抗击规定了较为细致的措施和实施程序。③

由于西方社会对公民个人自由和个人权利往往有优先考量，因此，在公共卫生问题上常常出现个人权利与公共利益的冲突等问题。基于此，除了相关立法外，诉诸司法、通过司法实践推动公共卫生法治化的向前发展也成为西方国家公共卫生治理法治化的一个重要特征。代表性的案例有雅各布森诉马萨诸塞州案

---

① 曾光、黄建始、张胜年主编《中国公共卫生·理论卷》，中国协和医科大学出版社，2013，第316页。

② 施建华等：《国外突发公共卫生事件应急处置体系及对我国的启示》，《中国卫生政策研究》2014年第7期。

③ 参见黄礼登《德国〈防疫法〉的内容及其借鉴》，《医学与法学》2020年第5期。

（*Jacobson v. Massachusetts*）、维罗尼亚校区诉阿克顿案（*Vernonia School District 47J v. Acton*）等。

1905年发生在美国的雅各布森诉马萨诸塞州案（*Jacobson v. Massachusetts*）中，雅各布森不愿意接种天花疫苗，他觉得是否接种疫苗是他的个人自由，况且他也对疫苗的科学性存有疑问，于是将试图强制要求其接种疫苗的马萨诸塞州公共卫生部门告上了法庭，官司一直打到最高法院。最高法院的法官认为：在健康、安全和繁荣的公共福祉要求下，个人以及财产均应服从于各种形式的限制和负担。[①] 相类似地，美国的维罗尼亚校区诉阿克顿案同样反映了公共卫生领域所引发的社会伦理问题及其司法回应。20世纪90年代初期，为了应对日益严重的毒品问题，美国俄勒冈州维罗尼亚校区通过了一项学生运动员毒品政策（student athlete drug policy），要求入选学校运动队的学生必须签署同意进行随机尿液药物检测的同意书，并且必须获得父母的书面同意。1991年秋天，七年级学生詹姆斯·阿克顿（James Acton）和他的父母都拒绝签署检测同意书并拒绝参加尿检，他因此被拒绝进入校足球队。为此，阿克顿提起诉讼，他认为该政策违反了美国宪法第四和第十四修正案以及俄勒冈州宪法第1条第9款。经审理，地方法院驳回了阿克顿的起诉。之后，美国第九巡回上诉法院推翻了地方法院的判决，认为学校有关检测的规定同时违反了美国宪法第四和第十四修正案以及俄勒冈州宪法第1条第9款。最后，美国最高法院认为维罗尼亚校区所制定的这一政策是合理的，并不违宪。[②] 就该案来说，在个人自由和公共利益之间，不同审级法院法官的立场有较大的差别。比如，更支持个人自由的美国第九巡回上诉法院在该案的判决中写道："学区希望防止不必要的运动伤

---

① 参见汪建荣等主编《用法律保护公众健康——美国公共卫生法律解读》，中国科学技术出版社，2008，第42~45页。

② *Vernonia School Dist. 47J v. Acton*，515 U. S. 646（1995）.

害，降低毒品对学生的吸引力，并改善纪律。当然，这些都是很有意义的目标。然而，即便上述目标有意义，仍不能消除批准随机检测所带来的各种负面影响。"该判决还引用过往相关判决中颇为慷慨陈词的论述来证明自己的观点：我们必须始终谨记"学生（不要）在学校门口……放弃宪法权利"。① 而美国最高法院的判决则持相反的观点，美国最高法院更赞同公共利益的重要性，同时认为对个人自由的限制具有必要性和可能性。法官们认为，公立学校中，学生在共同生活、集体运动的过程中实际上存在着较低的隐私期望情况，而学生也由于加入学校运动队这一"严格管制的行业"，对隐私的期望值降低了。②

综上，在西方国家，一个多世纪以来，公共卫生治理法治化的进程在立法和司法的具体实践中不断得到发展。法律和司法的介入为公共卫生治理领域争议的解决提供了具体标准，促进了公共卫生治理的长远发展。③ 实际上也为之后公共卫生治理提供了具体的法律判例和法治依据。从西方国家公共卫生治理法治化进程也可以看出，虽然公共利益常常在公共卫生治理相关案例中得到重申和强调，然而由于浓厚的个体主义传统思想的影响，在公共卫生治理过程中，个体自由、个体权利、诉诸司法等在西方国家公共卫生法治化推进过程中始终发挥着关键性的推动作用。

五 探讨中国公共卫生治理法治化的内在理路

从历史变迁以及中外比较中可以看出，中国公共卫生治理法

---

① *Wayne Acton and Judy Acton，Guardians Ad Litem for Jamesacton，Plaintiffs-appellants v. Vernonia School District 47J，Defendant-appellee*，23 F.3d 1514（9th Cir. 1994）.

② *Vernonia School Dist. 47J v. Acton*，515 U. S. 646（1995）.

③ 参见李晶《美国公共卫生管理权与民众自由权利的博弈——基于"雅各布森诉马萨诸塞州案"的解读》，《世界历史》2020 年第 5 期。

治化的进程与西方国家的历程有很多相似之处，比如，都是基于科学知识的普及，都需要通过立法的不断完善来保障法治化进程不断向前发展。然而，通过比较也可以看出，中国公共卫生治理法治化的进程较西方社会来说还是有很大的不同，接下来将分别予以讨论。

（一）以人民为中心

我国公共卫生治理法治化的进程始终坚持以人民为中心，立法和制度设计始终坚持把人民健康摆在优先发展的战略地位。这实际上与上文讨论到的，新中国成立以来科学知识的普及，以及公共卫生治理去隐喻化的趋势密切相关。科学知识的普及和传播改变了过去人们对疾病和病人的隐喻化认识，促使卫生治理的关注点从意义世界转向疾病和病人本身。人的健康和发展成为卫生治理的核心议题和根本目标。同时，这也与新中国成立以来公共卫生治理的基础性建设积累密切相关。这一点从上文讨论过的新中国成立初期国家坚持预防保健体系的建设和完善、农村医疗卫生工作的发展，以及后来基层公共卫生服务日益完善上可以看出。这些基础性工作的发展和完善，为后来公共卫生法治建设中"以人为中心"原则的确立奠定了基础。而这一原则也在之后国家的立法中得到进一步明确，比如，2019 年颁布的《中华人民共和国基本医疗卫生与健康促进法》就明确作出了"医疗卫生与健康事业应当坚持以人民为中心"的具体规定。① 这使得"以人民为中心"的原则在立法中进一步制度化、规范化，同时也使其能够在

---

① 《中华人民共和国基本医疗卫生与健康促进法》第 3 条规定："医疗卫生与健康事业应当坚持以人民为中心，为人民健康服务。医疗卫生事业应当坚持公益性原则。"同时，第 6 条规定："各级人民政府应当把人民健康放在优先发展的战略地位，将健康理念融入各项政策，坚持预防为主，完善健康促进工作体系，组织实施健康促进的规划和行动，推进全民健身，建立健康影响评估制度，将公民主要健康指标改善情况纳入政府目标责任考核。"

公共卫生治理法治化进程中发挥更为重要的指引作用。

（二）重视公共卫生治理法治化的系统推进

我国公共卫生治理法治化的进程始终坚持系统观念，特别强调将科学知识的普及和传播、群众路线、制度建设、立法的完善结合起来，注重公共利益与个体权利的协同保障，系统推进公共卫生治理法治化的进程。

首先，正如上文所讨论过的，在通过法律进行公共卫生治理的过程中，国家在"以人民为中心"的原则以及系统观念的指引下，特别强调公共利益与个人权利的系统保护。在以法治方式维护公共利益、促进整体社会利益的同时，通过立法、执法和司法的完善，实现对个人权利的保障，尤其注重对弱势群体权益的维护，以此实现对社会整体安全与个体权利之间潜在紧张关系的有效弥合;[①] 其次，在我国，在科学知识和医学知识广泛普及之后，基于群众路线的制度设计，国家公共卫生服务供给一直延伸到基层群众中，这保证了公共卫生治理法治化进程中群众基础的建立。国家的推动和民众的有效回应，使得国家与民众之间形成了一种有效的互动和互信关系。加之日益完善的立法、严格的执法监督，公共卫生治理法治化进程在国家与民众有效互动的基础上不断得到系统地推进。

（三）重视法治框架下国家能力的有效发挥

我国公共卫生治理法治化的进程特别强调法治框架下国家能力的有效发挥。这一点，无论是在突发公共卫生危机应对过程中还是在常态化公共卫生治理过程中，实际上都有较为明显的体现。

首先，在突发公共卫生危机应对过程中，国家能力的有效

---

① 参见张剑源《人们因何团结？——公共卫生危机中的科学主义、责任伦理与法治》，《清华法学》2021 年第 2 期。

发挥保证了公共卫生法治体系能够对突发状况及时有效作出回应。关于这一点，在"非典"疫情防控、新冠肺炎疫情防控等突发公共卫生事件防控工作中都有较为具体的反映。比如上文所讨论过的，2003 年"非典"疫情暴发后不久，国务院就颁布了《突发公共卫生事件应急条例》，为突发公共卫生事件治理提供了具体的规范依据。再比如 2020 年新冠肺炎疫情突袭而至后不久，"完善疫情防控相关立法""严格执行疫情防控和应急处置法律法规"等法治化部署被迅速提出。① 全国人民代表大会常务委员会也在疫情发生后通过了《全国人民代表大会常务委员会关于全面禁止非法野生动物交易、革除滥食野生动物陋习、切实保障人民群众生命健康安全的决定》等一系列法律规定，在危机应对的不同领域推进公共卫生治理法治化的发展。同时，也正如上文所讨论过的，在突发公共卫生危机应对过程中，法治框架下国家能力的有效发挥，还体现在执法、司法等工作对疫情防控整体工作的保障上。② 不同领域、不同部分始终坚持以法治化的方式不断推动全国上下"一盘棋"，做好疫情防控和危机应对工作。

其次，在常态化公共卫生治理过程中，国家能力的有效发挥保证了公共卫生治理法治化的进程能够根据社会发展变化特征适时作出调整，以更好地适应人民群众需求。比如，在 21 世纪初，为了解决"医药卫生事业发展水平与人民群众健康需求及经济社

---

① 《习近平主持召开中央全面依法治国委员会第三次会议强调 全面提高依法防控依法治理能力 为疫情防控提供有力法治保障 李克强栗战书王沪宁出席》，《人民日报》2020 年 2 月 6 日，第 1 版。

② 参见 2021 年 1 月 21 日发布的《市场监管总局、农业农村部、国家林草局关于加强野生动物市场监管 积极做好疫情防控工作的紧急通知》（国市监明电〔2020〕2 号）等。同时可参见姜洪《最高检机关贯彻落实习近平总书记关于疫情防控的重要指示和讲话精神 张军要求 从四方面抓好疫情防控和日常检察工作 确保"四大检察"各项工作不停不等不拖》，《检察日报》2020 年 2 月 5 日，第 1 版；参见郑义《周强主持召开最高人民法院党组会议强调 发挥审判职能作用 为依法防控疫情提供有力司法服务和保障》，《人民法院报》2020 年 2 月 7 日，第 1 版。

会协调发展要求不适应的矛盾"问题，2009 年，中共中央、国务院制定和发布了《关于深化医药卫生体制改革的意见》，明确了"建立健全覆盖城乡居民的基本医疗卫生制度，为群众提供安全、有效、方便、价廉的医疗卫生服务"的总目标，并明确要建设覆盖城乡居民的公共卫生服务体系、医疗服务体系、医疗保障体系、药品供应保障体系等四大体系。2017 年，党的十九大报告中提出实施"健康中国战略"，明确要"全面建立中国特色基本医疗卫生制度、医疗保障制度和优质高效的医疗卫生服务体系，健全现代医院管理制度"。2020 年，《中共中央关于制定国民经济和社会发展第十四个五年规划和二〇三五年远景目标的建议》中进一步明确要"织牢国家公共卫生防护网，为人民提供全方位全周期健康服务"，同时要求"坚持基本医疗卫生事业公益属性，深化医药卫生体制改革"。这些党和国家的顶层设计为公共卫生法治建设提供了具体指引，有利于推动公共卫生治理法治化进一步向前发展。

六　结语

从仪式到公共性问题的转型，以及科学的普及、制度化的保障，为公共卫生问题向法治化迈进奠定了基础。从世界范围看，迈向法治化业已成为公共卫生治理的一种基本共识和重要选择。在我国，新中国成立初期，科学的普及、群众路线，以及公共卫生治理制度化的发展，为公共卫生治理法治化的建立和发展奠定了基础。改革开放以后，我国公共卫生治理法治化的进程不断加快。1989 年《中华人民共和国传染病防治法》的颁布，使我国公共卫生治理法治化进程进一步规范化、系统化。2003 年《突发公共卫生事件应急条例》的颁布使得我国在突发公共卫生事件应对方面更进一步向法治化方向迈进。2019 年《中华人民共和国基本医疗卫生与健康促进法》的颁布则进一步促进了我国公共卫生治理法治化的常态化发展。

从我国公共卫生治理迈向法治化的进程可以看出，除了充分吸收世界各国的先进经验，积极参与全球公共卫生治理外，我国在公共卫生治理法治化进程中实际上也不断创造着自己的经验。"以人民为中心"原则的确立、系统推进公共卫生治理法治化进程，以及特别强调法治框架下国家能力的发挥等具体经验，既积极回应了当下中国社会有关公共卫生治理的需求，同时也为未来中国公共卫生治理法治化进程奠定了基础。

Towards the Rule of Law: The Transformation and Path Choice of Public Health Governance

Abstract: With the development of modern science and technology, health governance has become an important public issue and rule of law related to the well-being of all people and the construction of social order. After the founding of new China, the popularization of science, the mass line and the improvement of the system have laid the foundation for the establishment and development of the rule of law in public health governance. Since the reform and opening up, the process of legalization of public health governance in China has been accelerating. In addition to fully absorbing the advanced experience of countries all over the world and actively participating in global public health governance, China is also constantly creating its own experience in the process of legalization of public health governance under the framework of "rule of law" and the principle of people's rule of law, we have continuously promoted the development of public health system with Chinese characteristics, and played a role in promoting the process of public governance under the rule of law.

Keywords: Public health; Government; Rule by law; Public health emergencies

《法律和政治科学》（2021 年第 2 辑·总第 4 辑）

第 026～048 页

© SSAP，2021

权力关系的虚实互置：组织化政党的兴起对古典宪制模式的重构[*]

张建伟^{**}

【摘　要】在西方政治发展史上，以代议制为基础的古典宪制在产生时间上远早于现代政党，因此在古典宪制模式中缺乏政党的位置。随着西方社会阶级结构的演变以及普选权的扩展，组织化的大众型政党作为现代政党最终得以产生，并从根本上重构了古典宪制模式。古典宪制中的代议制模式、权力制衡模式、国家结构模式都因现代政党的介入而改变了既有的运行逻辑和权力关系：先前的实质关系因现代政党的介入而虚化，而先前虚化的权力关系也可能因现代政党的介入而实化。权力关系的虚实互置，一方面揭示了政治实践的复杂性与人类理性的局限性，另一方面也揭示了以复合政治观来观察与研究政治的必要性。

---

* 本文系2017年国家社会科学基金青年项目"党内法规实施效果评估与提升策略研究"（项目编号：17CZZ006）的阶段性成果。
** 张建伟，政治学博士，中南民族大学公共管理学院讲师。

【关键词】 政党；古典宪制；代议制；国家结构形式

引　言

自现代政党产生以来，政党政治与以宪法为核心的法律制度（以下简称宪制）存在非常复杂的互动关系。至少从 18 世纪 30 年代开始，现代意义上的政党就已出现在英国和美国的政治舞台上。然而相对于政党的现实发展而言，理论上的认知却相对滞后，对政党的系统研究直到 20 世纪初才真正起步，对政党与宪制关系的研究则更为滞后，同时也并不平衡。这种不平衡集中体现在对宪制如何影响政党政治的研究较多，如宪法如何规定政党的角色、作用、活动方式等问题，而对政党政治如何影响宪制则关注较少。针对上述不平衡，本文主要从三个方面来阐释组织化政党的兴起对古典宪政模式的重构：对代议制模式（选民与议员关系）的重构、对制衡模式（立法与行政关系）的重构、对国家结构形式（中央与地方关系）的重构。

为了确保讨论的严谨性，文章首先需要对两大核心概念——"组织化政党""古典宪制"做出界定。本文所称的"组织化政党"主要指的是大众型政党（the mass party model）。[①] 法国政治学家迪韦尔热（Duverger）按照政党起源上的差异（内生/外生），

[①] 政党形态自产生以来就一直处于发展演化过程中，按照政治学家安德烈·库维尔（André Krouwel）的概括，西方政党先后经历了精英（干部）型政党、大众型政党、全方位（选举至上）型政党、卡特尔型政党、公司型政党等五个发展阶段。在上述五种政党形态中，大众型政党与精英型政党的形态转化是政党组织发展史上的关键突破。参见 André Krouwel, "Party Models," in Richard Katz and William Crotty（eds.）, *Handbook of Party Politics*, London: Sage, 2006, pp. 249 – 269.

将政党模式概括为精英（干部）型政党与大众型政党。① 英美两国最早的政党都是体制内的精英型政党，随着普选权的扩大，大众型政党逐渐取代了精英型政党。从组织形态来看，精英型政党的组织化程度较低，只有到了大众型政党阶段，政党的组织形态才得以成熟，其重要标志是建立了制度化的议会外的全国性政党组织（institutionalized，extra-parliamentary organization）——如政党的全国代表大会、政党的中央组织等。因此，文本所指的组织化政党主要是大众型政党及其之后的政党形态，而不包括精英型政党形态。法学家按照宪法范式的演进，将西方宪制分为古典宪制（the classical constitutionalism）与新宪制（the new constitutionalism）。古典宪制的核心问题是"有限政府"，即通过限制政府权力来保护公民权利，新宪制理论则试图超越古典宪制理论，二者的区别体现在：第一，古典宪政强调消极的"限权"，新宪政则在强调限权的同时积极"赋权"；第二，古典宪政局限于政治领域，新宪政则强调将经济与社会领域纳入考虑；第三，古典宪政强调公民的消极角色，新宪政则强调公民的积极角色。② 本文主要讨论的是组织化政党的形态对古典宪制的重构作用。

一　将政党带回宪制研究

从西方政治发展经验来看，虽然政党政治是宪制发展的内生产物，但在漫长的时间里，政党一直属于宪法的"编外组织"，即政党在以宪法文本为核心的宪制中是长期缺位的。即便在政党已经产生并成为重要的政治组织后的一个多世纪的时间里，多数国

---

① 参见 Duverger, Maurice, *Political Parties：Their Organization and Activity in the Modern State.* London：Methuen，1954。
② 参见〔美〕斯蒂芬·L. 埃尔金、卡罗尔·爱德华·索乌坦编《新宪政论——为美好的社会设计政治制度》，周叶谦译，生活·读书·新知三联书店，1997，第 5～26 页。

家的宪法中也只有国家机构（state institutions）的位置，而没有政党（political parties）的位置。事实上直到第二次世界大战之后，西方国家才开始在宪法中对政党的性质、作用与活动方式等方面作出相关规定，政党至此才得以入宪（party constitutionalization）。

虽然政党在以宪法为核心的宪制文本中是长期缺位的，但在西方的现实政治中政党的重要性却在逐渐增强。在简化投票、动员选民、招募领袖、组建政府、构建政策、聚集利益等方面，政党发挥着其他组织机构所无法发挥的作用。① 简言之，政党已经成为现代西方民主运行的中枢组织。著名政治学家沙特施耐德（E. E. Schattschneider）甚至认为，政党的兴起无疑是现代政府最重要的标识之一，政党创造了现代民主，简直难以想象现代民主在缺乏政党的情况下能够生存。②

于是在实践与制度之间就出现了一个越发明显的"鸿沟"：一方面，政党的现实重要性不断提高；另一方面，宪制却长期对其视而不见。早在 20 世纪初期（1911～1913 年），德国著名思想家马克斯·韦伯就已发现："没有任何一部宪法和（至少在德国）没有任何一部法律承认政党的存在，虽然它们今天恰恰是受官僚体制统治的被统治者即'国家公民'的整个政治意愿在很大程度上最重要的体现者。"③ 上述"鸿沟"产生的重要根源是人类的理论认知能力没有跟上政治发展的现实步伐。

首先，在古典宪制理论看来，政党天然就不属于国家机构，因此也就不属于宪法调整和规定的对象。在当时的主流法学家看来，宪法的核心是处理权力与权利之间（国家与公民之间）以及权力与权力之间（国家机关之间）的关系，因此，宪法需要对国

---

① 参见 Anthony King, "Political Parties in Western Democracies: Some Sceptical Reflections," *Polity*, Vol. 2, No. 2, 1969, pp. 111 - 141。
② 参见 E. E. Schattschneider, *Party Government*, New York: Rinehart, 1942, p. 1。
③ 〔德〕马克斯·韦伯：《经济与社会》（下卷），林荣远译，商务印书馆，2006，第 758 页。

家机关、公民权利作出权威规定。按照当时的主流认识，政党实际上不属于国家机关，其性质是介于国家与公民之间的中介组织（intermediary organizations），自然也就不属于宪法调整和规定的范围。也有不少古典宪法学者认为，包括政党在内的各类社会组织是公民自由结社的产物，是宪法中规定的结社自由的衍生结果，因此只需规定包括结社权在内的各项自由，无须单独在宪法中列出有关政党的相关条款。

其次，在古典宪制理论中，"政党有害论"或"反政党"的思想是当时的认知共识，因此，制宪者在制定宪法时自然试图规避政党。无论是美国、法国、德国还是日本，其宪制早期的政治家与思想家都普遍持有"政党有害论"，认为政党本质是与公共利益相悖的，纵容党派精神的发展会带来一系列不良后果。在此方面，美国的制宪者非常典型。无论是华盛顿还是杰弗逊，他们都认为党派精神会腐蚀公意、破坏团结，不利于新生共和国的生存和发展。因此，在美国的宪法及其修正案中几乎难觅政党的影子。

因此，政党在西方早期宪制史上是长期缺位的，而这种缺位对法学与政治学理论研究也产生了影响。17 ~ 19 世纪的主流法学家普遍对政党视而不见，即使到 19 世纪后期现代政治学产生之后，对政党尤其是政党与宪法的相关问题依然是忽视的，这种忽视自然也带来了不少问题。

首先，抛开政党研究宪制，根本无法解释宪法的实际运行机制。以美国为例，美国宪法设计了一套复杂而精妙的权力制衡体系，然而在不存在政党的情况下，美国的这套制度根本就无法运行。"实践证明，权力机构之间缺乏合作的分权政府是不能统治的；具备复杂制衡机制的联邦政府并未超越汉密尔顿（Alexander Hamilton）和麦迪逊（James Madison）所预见的矛盾：在力求迫使政府控制自己的时候，联邦的缔造者创造了一个难以运行的政府。"① 只有在政党产生之后，美国这套复杂的权力机器才开始顺利运行。用一个形象的比喻来讲，政党就相当于美国宪制上的"制度补丁"，这个当时被制宪者有意忽视或回避的制度元素，恰是美国制宪得以有效运转的关键。

其次，抛开政党来研究宪制，无法解释为何同样的宪制设计在不同国家会产生截然不同的效果。比如，同样是半总统制的宪制设计，为何魏玛共和国很快就崩溃了，而法兰西第五共和国却相对稳定持久？② 同样是联邦制的宪制设计，为何美国的联邦政府与州政府之间的权力是高度分散的，而墨西哥（2000 年之前）与苏联是高度集中的？再比如，无论是拉美国家还是亚洲的菲律宾，那些照搬美国宪法的后发国家，为何政治发展历程同样都举步维艰？一个非常重要的原因，就是作为"显性制度"的宪法易学，而作为"隐性制度"的政党难取，没有了"隐性制度"的支撑与配合，"显性制度"也就难以达到其应然性效果。

在这样的背景下，为了使理论研究适应现实发展，将政党带回宪制理论遂开始逐渐成为一些法学家与政治学家的自觉努力，并取得了一些研究成果。归纳起来，现有的研究集中在两个方面。

首先是对政党宪法化（party constitutionalization）或政党入宪相关问题的研究。据统计，1875 年世界各国实施的宪法中提到政党的宪法所占比重不到 10%，而到了 2006 年，这一比重则提高至80%。与此相似的是，在 1950 年之前，组建政党的权利在宪法规定中事实上是不存在的，而到 2000 年时，各国宪法中已经有 60%

---

① 张千帆：《自由的魂魄所在——美国宪法与政府体制》，中国社会科学出版社，2000，第 4 页。

② 参见 Cindy Skach, *Borrowing Constitutional Designs: Constitutional Law in Weimar Germany and the French Fifth Republic*, Princeton University Press, 2005, pp. 1 – 29。

的宪法明确地确立了这项权利。① 英格丽德·范·比赞（Ingrid van Biezen）与加布里埃拉·博尔兹（Gabriela Borz）系统地梳理了"二战"后欧洲范围内各国政党入宪的发展历程（见图1）。

其次是对政党的法律性质的研究。从现有文献来看，对如何定位政党的组织性质，大概有两类观点：第一类是将政党定位为自愿组织（voluntary associations）。在西方社会的主流认知中，政党常常被视为自愿的社会组织，即将政党定位为非营利性与非政府性组织（non-profit-seeking and non-governmental organizations）。在这方面，政党与其他的社会组织没有本质的区别。与其他社会组织一样，政党主要由自愿加入的组织成员构成，并依靠组织成员的忠诚及其提供的定期捐助（regular subscriptions，membership fees）来维持组织的运行，而组织则向其成员提供公共物品。② 这些特征与国家机关或政府机构的特征形成鲜明对比，国家机关或政府机构本身是依靠税收来为维系的，而税收的根本特征是强征性。第二类是将政党定位为公共机构（public utilities）、半官方机构（semi-public agencies），甚或国家机构（state institutions）。这种观点基于对政党组织变迁趋势的分析。随着时代的发展，民众对政党组织的认同度与归属感不断降低，会费收入所占比重逐渐降低，而国家的财政补助所占比重逐渐提升，政党对国家财政资源的依赖逐渐增强，因此政党的角色逐渐从"社会的党"转变为"国家的党"。中国学者叶海波将西方对政党法律地位的认识概括为三种：政党机关说、政党团体说与政党媒介说。③

---

① 参见 Pildes, Richard, "Political Parties and Constitutionalism," *New York University Public Law and Legal Theory Working Papers*, 2010, p. 179。

② Bolleyer, Nicole, "The Change of Party-State Relations in Advanced Democracies: A Party-Specific Development or Broader Societal Trend?," in Müller WC, Narud HM (eds.) *Party Governance and Party Democracy: Festschrift for Kaare Strom*, New York: Springer, 2013, p. 242.

③ 参见程迈《西方政党与法治：以德国为例》，社会科学文献出版社，2018，第 2~5 页。

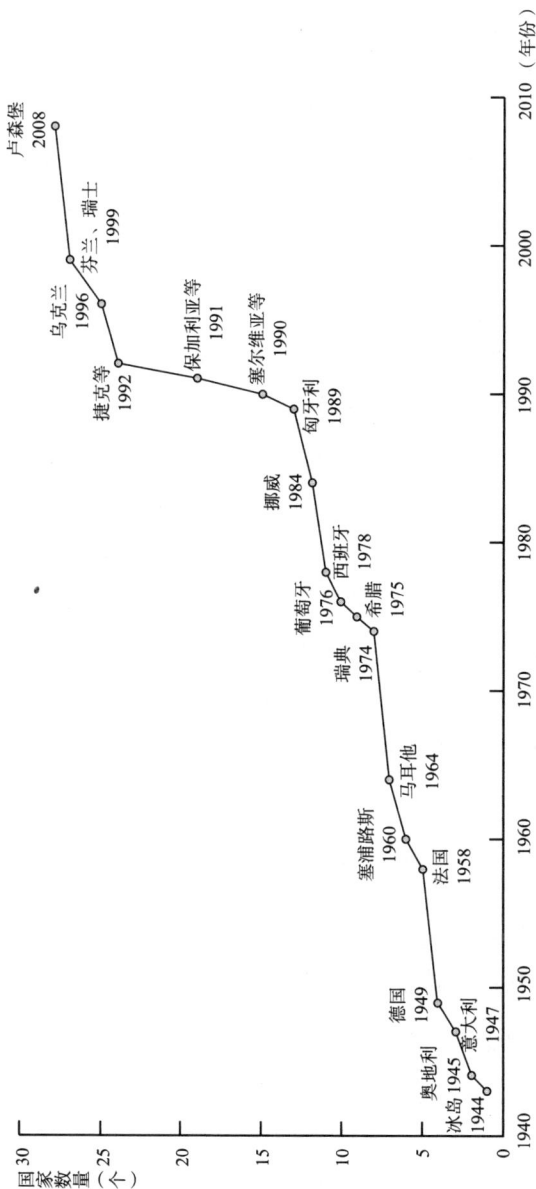

图1 欧洲各国政党的入宪时间及国家数量

注：1990年政党入宪的国家有塞尔维亚、克罗地亚；1991年政党入宪的国家有保加利亚、拉脱维亚、罗马尼亚、斯洛文尼亚；1992年政党入宪的国家有捷克、立陶宛、斯洛伐克、爱沙尼亚、波兰。

资料来源：参见 Ingrid van Biezen and Gabriela Borz, "Models of party democracy: patterns of party regulation in postwar European constitutions," *European Political Science Review*, Vol. 4, No. 3, 2012, p. 330。

　　但是，上述研究也存在非常明显的不足。在现实政治中，政党政治与宪制存在着复杂的互动关系：一方面，宪制是政党政治发展的制度环境，制约和塑造着政党的行为；另一方面，政党与政党体制也影响着宪制，宪制的稳定与持续有赖于政党与政党体制的稳定与持续。① 而现有研究主要局限于宪法对政党的规制，即宪法如何规定政党的角色、作用、活动方式等问题，"认为政党是在宪法实施和法制运作中逆来顺受的被规制主体"②，没有认识到政党自身作为高度能动的组织对宪法的实施与运行所发挥的作用。造成上述局限的重要原因在于，目前学术界对"政党与宪法"这一主题的研究主要集中在法学界（主要是宪法学界）。受学科界限的影响，法学家在研究问题时通常从法律条文出发去进行概念分析与规范推演，这种带有强烈的"法条中心主义"或形式法治逻辑的思维局限使法学界对于政党如何重构宪制缺乏系统性研究，这一缺陷正是政治学的着力点。

　　但同样遗憾的是，虽然政治学界对政党的研究相对系统和深入，但对"政党与宪法"这一主题的关注实际上还远不如法学界，这就为本项研究的开展提供了充分的研究空间。法学家通常研究宪制如何影响政党，即如何通过宪法及相关文件的制定与调整来塑造政党的形态及其行为。本项研究则以政治学的思维方式来研究政党如何影响宪制，尤其是19世纪后期（至20世纪中期）大众化政党产生之后，政党对前政党时代的古典宪制模式的重构。本文主要从三个方面来阐释组织化政党的兴起对古典宪政理论的重构：对代议制模式（选民与议员关系）的重构、对制衡模式（立法与行政关系）的重构、组织化政党的兴起对国家结构模式

① 参见 Cindy Skach, "Political Parties and the Constitution," in Michel Rosenfeld and András Sajó (eds.), *The Oxford Handbook of Comparative Constitutional Law*, 2012, pp. 874 – 890。

② 程迈：《西方政党与法治：以德国为例》，社会科学文献出版社，2018，第4～5页。

（中央与地方关系）的重构。

二 组织化政党的兴起对代议制模式的重构

代议制是近代以来兴起的一种政府体制，按照密尔的定义，"代议制政体就是，全体人民或一大部分人民通过他们定期选出的代表行使最后的控制权"①。代议制模式实际上是为了解决在政治共同体规模较大的前提下，人民作为主权者如何掌握权力和控制权力的问题而产生的。按照社会契约理论，人民是政治权力的最终所有者，但受制于现代国家的较大规模，像古希腊那样由人民直接行使权力的直接民主制缺乏可行性，于是代议制就成为次优的现实选项。孟德斯鸠认为："在一个自由国家里，每个人都被认为具有自由精神，因而应该自己管理自己，所以，立法权应该由全体人民执掌。但是，这在大国是不可能的，在小国也有许多不便，因此，人民应该让他们的代表来做他们自己不能做的事。"②

在代议制模式中，人民作为选民通过选举将权力委托给议员，再由议员组成代议机关（议会）来掌握和行使政治权力。议员作为各选区选民的代表，由所在选区的选民选出并对选民负责。19世纪的代议制观念认为，议员们应该自由讨论而不受政党的约束。议会来自选区并对选区负责，而不是对政党负责。到了20世纪之后，大多数国家议会中的议员，都有了特定的政党便签，需要按照政党的要求进行投票，与政党的纲领保持一致，受到政党的纪律约束。这一转变是如何实现的呢？

从时间维度来看，现代代议制政府要早于大众化政党。即现代代议制政府建立时组织性政党是缺席的。由于在古典宪制理论

① 〔英〕J. S. 密尔：《代议制政府》，汪瑄译，商务印书馆，2007，第68页。
② 〔法〕孟德斯鸠：《论法的精神》（上卷），许明龙译，商务印书馆，2017，第189页。

中有公民（citizenship）的位置而没有政党的位置，公民的代理人主要是作为个体的议员。议员与选民之间"信任的来源呈现出某些特殊特征。候选人是那些因为自己的地方关系、声望，甚至是那些和地方公民具有相同利益的个体……信任关系具有个人性：候选人的信任是基于某个人人格，而不是基于他和其他代表或者政治组织的关系"①。因此，在前政党政治时代或精英型政党时代，议员的当选主要基于议员个人的人格品质，能够当选议员的通常是社会显贵，这时的议会也常常变成"贤人议会"。"在整体人民观的影响下，此时的选举活动实际上就是应当在人民中挑选出最优秀、最有能力从事政治活动的代表组成议会，以最好地代表整体人民，为整体人民做出最符合其要求的政治决定，所以，19 世纪中的会议多为贤人议会（Honoratiorenpalamente）。这样的选举活动自然是高度个人化的，是选民对'贤人'而非对什么政治观点甚至意识形态挑选的过程。"②

而组织化政党（即到了大众化政党阶段）则彻底重构了选民与议员之间的关系。组织化政党兴起后，选民首先是将选票投给某个政党，而不是某个知名人物，即候选人"政党标签"的作用完全掩盖或压过了候选人人格与身份的重要性（见图 2）。这种现象的产生主要源于以下三点：其一，"政党标签"为候选人提供可识别的身份标签，减少候选人与选民的交易费用与交易成本。在没有政党标签的情况下，候选人不得不花费更多的时间和金钱来宣传自己的主张，同时选民也不得不花费更多的精力来识别候选人及其政策主张。其二，"政党标签"提供了对候选人当选之后的约束机制，减少其机会主义行为。在没有政党标签的情况下，候选人当选后缺乏有效的组织压力来督促其履行竞选诺言，同时

---

① 〔法〕伯纳德·曼宁：《代议制政府的原则》，史春玉译，中国社会科学出版社，2019，第 181 页。
② 程迈：《西方政党与法治：以德国为例》，社会科学文献出版社，2018，第 42 页。

也缺乏有效的约束机制来减少其机会主义行为。其三，"政党标签"为候选人在当选后的执政行为提供了组织支持。没有政党标签也就意味着候选人没有组织化的支持力量，一旦当选后就会面临在议会内缺乏有效支持的情况，从而降低了其执政能力。

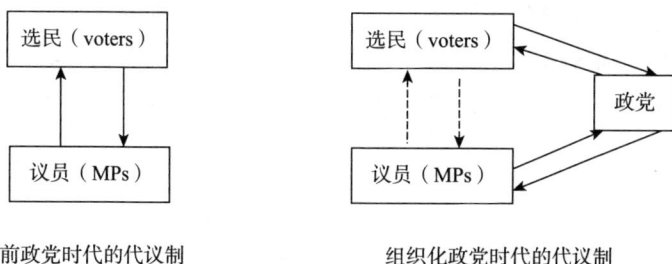

前政党时代的代议制　　　　　　　　组织化政党时代的代议制

图2　第一层重构：从个体的议员到作为政党代表
（party representatives）的议员

资料来源：笔者自制。

当选举的实质实现了由"选人"向"选党"转型后，选民与议员之间的关系也因政党的出现而被重构：选民对议员的控制与支配能力极大降低，政党组织对议员的控制与支配能力却极大提高。对此，著名政治学家麦克弗森作了极为深刻的解读：

> 随着公民权的每次扩大，政党制度必然会变得更少地对选民负责。以英国政党制度这一经典的案例来看，在推行民主公民权之前，它作为组织和更换政府的有效工具已经运行了半个多世纪了。只要公民权是限制在有产阶级内，每个选区内相对较小的选民数量使得他们能够对当选议员施加非常大的影响，甚至是控制他们的当选议员。因为议员们能够向他们的选民负责，至少要向选区里活跃的政党成员负责（或者说，向选区里的政党负责，尽管其组织可能很松散），所以，他们就不可能被内阁（或者说，被议会政党的领导人）所支配。
>
> 但是，随着公民权的民主化，所有这些都发生了变化。

为了吸引大众的选票，就需要在议会政党之外建立更有组织性的全国性政党，而有效组织就需要中央集权的政党机器。政党机器的支持变成了赢得选举进入议会的唯一途径。因此，政党的核心领导人就可以操控其国会议员。主要的权力被议会内政党领导人（或者说，被首相和它的内阁部长们）所把控，因为他们可以威胁将议员开除出党，或者威胁提前解散议会，重新进行大选。通过这些手段，内阁可以在很大程度上支配议会。①

三　组织化政党的兴起对制衡模式的重构

古典宪制的核心是"限制权力"。为了限制权力，古典思想家提出了分权制衡思想。从洛克提出的立法权、执行权与对外权的分立，到孟德斯鸠的立法权、行政权与司法权的分立，再到美国国父们对分权制度的创造性应用，分权理论不断得到发展完善，并最终创造了以权力分立为典型特点的国家——美国。美国的制度设计凸显了最大限度的分权，不仅中央政府的权力被一分为三，甚至掌握立法权的国会也被一分为二。这还只是横向层面上的分权，纵向上联邦制的国家结构形式又划分出互不统属的两套权力机构。本节主要论述政党的兴起对横向分权的重构，对纵向分权的影响将在下一节展开论述。

分权制度的设计前提是思想们家对权力中的人性所持有的警觉，英国思想家休谟将当时（18 世纪）主流的政治设计原则概括为："在设计任何政府体制和确定该体制中的若干制约、监控机构时，必须把每个成员都设想为无赖之徒，并设想他的一切作为都

---

① 〔加〕C. B. 麦克弗森：《自由民主的生平与时代》，闫飞飞译，江苏人民出版社，2018，第 64~65 页。

是为了谋求私利，别无其他目标。我们必须利用这种个人利害来控制他，并使他与公益合作，尽管他本来贪得无厌，野心很大……因此，必须把每个人都设想为无赖之徒确实是条正确的政治格言。"① 这就是著名的休谟"无赖假设"。美国国父们在《联邦党人文集》中将其制度设计的原则概括为"以野心对抗野心，以权力制约权力"②。

按照麦迪逊的设计，权力制衡主要是通过制约与平衡立法权、行政权与司法权这三种国家权力来实现的。"三权"之间的相互制约体现在：首先，国会可以制约总统和联邦法院。总统提名的高级官员和联邦法官须经国会参议院批准，总统签署的对外条约也须参议院批准。国会有权对总统及高级官员、联邦法官等提出弹劾并予以裁决。其次，总统也可以制约国会和联邦法院。国会通过的法案须经总统签署批准，总统对国会通过的法案拥有否决权，但如果国会参、众两院分别以三分之二的绝对多数通过，该法案则自然生效。联邦法院的大法官由总统提名，经参议院审核同意后由总统任命。最后，联邦法院同样可以制约国会和总统。作为独立的司法机构，联邦法院有权对国会通过的法律以及政府的行政决策、行政命令或行政行为进行违宪审查，并作出相应的裁定。

然而事实上，宪法文本上设计的制衡模式很快就被政治实践所改变，其中最重要的因素是现代政党的产生。分权理论可能失效的重要根源在于制宪时代的先贤们所构想的宪政框架中根本没有政党的空间，甚至根本就是反政党。如果考虑到政党的因素，三权分立制度的局限性立即就凸显出来。当政党产生并对现实政治产生影响之后，原有的机构逻辑就可能随之改变。

按照众议院、参议院与总统之间的政党力量，达利尔·J.列

---

① 〔英〕休谟：《休谟政治论文选》，张若衡译，商务印书馆，2010，第27页。
② 参见〔美〕汉密尔顿、杰伊、麦迪逊《联邦党人文集》，程逢如等译，商务印书馆，2013，第263~267页。

文森与理查德·H. 皮德斯将美国政府分为政党分治政府（party-divided government）与政党同治政府（party-unified government）。① 当参众两院的多数议员与总统属于同一政党时，此时的政府属于同治政府；当参众两院的多数议员与总统分别归属两党时，此时的政府属于分治政府。② 在不同的情形下，立法与行政之间的制衡关系可能大不一样，只有在分治政府的情况下，立宪者所设定的不同分支之间的制衡机制才会生效。而一旦出现同治政府，不同分支之间的制衡可能就会失效，正如美国著名宪法学家马克·图什内特所指出的："组织化政党的兴起，使得麦迪逊的解决方案即使在三权分立体系中也有些过时了。当行政部门和立法部门的成员来自同一个政党时，他们很可能互相支持而不是互相监督，除非遇到真正特殊的情况。总统会保护那些和他来自同一党派的腐败议员，使他们免受行政调查；而且，如果这个政党在立法机关中占有多数席位，来自该党的成员也会在立法机关中保护该党的腐败议员。和总统来自同一政党的议员们会阻挠针对总统的行为展开立法调查。"③

在议会体制中上述逻辑同样得以体现。在议会制国家，通常由在议会选举中获得多数的政党（或政党联盟）负责组阁。以最典型的议会制——英国的"威斯敏斯特模式"（the Westminster model

---

① 本文之所以将"party-unified government"翻译为"政党同治政府"而没将其翻译为"政党共治政府"，是为了与现有文献中的"左右共治"（cohabitation）区分开来。"左右共治"主要用于描述在法国第五共和国的半总统制下总统与总理来自不同的政党，二者共同执掌行政权的现象。从实质层面来看，"左右共治"等同于"divided government"，即立法机关与行政机关归属于不同政党掌控，区别在于二者强调的重点不同：共治强调半总统制下的行政权由来自不同政党的总统与总理（议会多数党领袖）共同掌权；分治政府则强调立法机关与行政机关之间不同的党派归属。

② 参见 Daryl J. Levinson，Richard H. Pildes，"Separation of Parties，Not Powers，" *Harvard Public Law Working Paper*，No. 131，http://ssrn. com/abstract = 890105。

③ 〔美〕马克·图什内特：《比较宪法：高阶导论》，郑海平译，中国政法大学出版社，2017，第128页。

为例，其最大的特点就是在议会选举之后通常会存在多数党和少数党，取得绝对多数（超过半数）议席的多数党成为执政党，少数党则成为在野党。虽然孟德斯鸠认为英国是权力分立的典型，但这实际上却是一种误读。在议会制中，立法权和行政权在事实上也是相互融合的，这种融合体现在议会下院（平民院）。英国内阁虽然由议会下院产生并对议会负责，但首相和内阁大臣同时也是议会下院议员。从身份上来讲，首相和内阁大臣首先是作为议员而存在的，其次是作为议会中多数党的领袖和党员而存在的。因此，内阁与议会是有机融合的，内阁在事实上相当于议会中的一个"核心权力圈"。按照英国的宪制惯例，内阁首相同时也是议会多数党的领袖，内阁成员通常也是议会多数党的党员。表面上看来，首相领导的内阁对议会负责，但是实际上根据德国政治学家罗伯特·米歇尔斯的"寡头统治定律"，作为政党领袖的首相对议会中的本党议员具有很强的控制力。通过政党的组织纪律，首相不但控制着内阁，也控制着议会中的多数党，即首相也控制着议会。就是说，首相不仅是内阁的领导核心，同时也是议会"事实上"的领导核心，这样的制度安排保证了英国政治制度运行的效率，但实际上却造成了立法机关与行政机关之间的制约消失（见图3）。

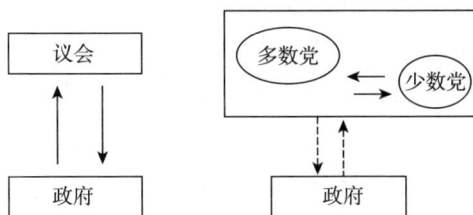

图3 第二层重构：从机构间制衡到政党间制衡

资料来源：笔者自制。

议会制体制下，立法与行政的融合是否意味着权力制约的彻底消失呢？表面看来，由于多数党控制了议会并主导政府，造成了议会与政府之间的权力制衡关系的消解，但真实的权力失衡关系却并未消失，监督制衡政府的重任转移到了少数党的身上。因此，只有考虑到政党的因素，权力制约的作用才可能得到实现。这也是德国的宪法法院充分保护少数党的权力的原因。德国宪法法院的一段说明充分解释了议会中的政党竞争的价值："议会与政府之间最初的紧张关系现已改观，这种紧张关系曾是君主立宪时期的常态。在议会制中通常由多数（党）控制政府。当今，权力的制约关系体现为双方之间的政治张力（political tension），其中一方是政府及其在议会中的支持党派，另一方是反对党（或反对党联盟）。在议会制政府中，政府并非由议会中的多数党来监督，这个重任实际上落在了反对党身上。如果权力制衡关系不被架空的话，那么少数（党）的权力就必须得到保障。"①

四　组织化政党的兴起对国家结构（形式）模式的重构

在西方政治学家中，爱泼斯坦最先注意到国家结构形式对政党形态与制度的影响。在中央集权的单一制国家，政党在建立之初往往就是全国性组织，地方性政党的影响要小得多；在联邦制环境中，组织政党主要是为了地区的竞选，而不是组织有地区分支的全国性政党，全国性政党主要是各州（省或地区）政党的联盟。爱泼斯坦基于美国的经验特别强调了联邦制对政党组织形态具有强大的塑造作用，在联邦制国家，虽然全国性政党通常既参加全国大选也参加省级选举，但其权力重心却在政党的省级组织，政党的全国组织不过是省级组织在联邦层面的松散联盟而已。②

---

① Pildes, Richard, "Political Parties and Constitutionalism," *New York University Public Law and Legal Theory Working Papers*, 2010, p. 179.

② 参见〔美〕利昂·D. 爱泼斯坦《西方民主国家的政党》，何文辉译，商务印书馆，2014，第 44～48 页。

然而，却很少有政治家关注到政党反过来会如何影响国家结构。之所以如此，是因为西方先发国家的政党通常是社会结构与宪制安排共同塑造的组织。学者们通常会基于社会中心主义或制度中心主义的范式来研究政党，而较少将政党看作具有能动性的主体。实际上，在广大的后发国家，政党通常是国家建构的行动主体，政党的组织纲领通常对国家形态产生深刻影响。① 就国家结构而言，很多后发国家虽然在宪法中采取了联邦制的宪制结构，但其独特的政党形态可能使联邦制发生形变。这方面最典型的案例是苏联，"苏联是由 15 个加盟共和国组成的联盟，其宪法赋予各加盟共和国'保留退出联盟的权力'。苏联共产党是执政党且实行民主集中制，下级必须服从上级，加盟共和国党委必须接受和服从苏共中央的领导。这意味着，只要苏共中央不同意，加盟共和国就无法真正行使退出权力。由此，苏联理论上是联邦国家，实质上是单一制"②。

按照古典宪制模式，联邦制下的联邦政府与次国级（州、邦等）政府之间不存在上下级之间的权力隶属关系。联邦政府由全国人民投票选出，各州政府由各州人民选出，两者的权力分工由宪法所规定，即在联邦制下，州政府不是联邦政府的下级或下属单位，联邦与州之间是分工合作关系。"国家具有最高立法、行政和司法机关，行使国家最高政治权力。各联邦组成单位也有自己独立的立法、行政、司法机关，这些机关与中央机关之间没有隶属关系，它们在各自的行政区域内行使政治权力。"③

组织化政党的兴起，重构了联邦政府与州政府之间的实际权力关系。按照墨西哥现行宪法（1917 年宪法）规定，墨西哥属于

---

① 参见张建伟《政党制度差异探源：理论范式与创新框架》，《甘肃理论学刊》2017 年第 2 期。

② 张宁：《哈萨克斯坦独立后的政治经济发展（1991～2011）》，上海大学出版社，2012，第 5 页。

③ 王浦劬等：《政治学基础》（第 3 版），北京大学出版社，2014，第 202 页。

典型的联邦制国家，联邦政府与州政府之间没有隶属关系。然而，随着革命制度党一党独大制的建立，宪法文本上的联邦制处于"名存实亡"的状态。借助于作为政权党的革命制度党，墨西哥总统不仅可以任命各州州长、联邦议员，而且可以解除州长和联邦议员职务。① 这样在墨西哥，中心—外围的社会分野最终并没有成为政党间对立的基础，革命制度党通过职团主义组织结构，使宪法上规定的联邦制没有成为政治上的威胁因素，"为了使各州遵行国家政策，现在更可能使用的手段是党纪而不是宪法；倘州长不能维持本州秩序，或未能按照国家纲领履行分内职责"②，总统则可通过政党的工具废除其权力，从而绕开了其他联邦制国家的制度困境（见图 4）。

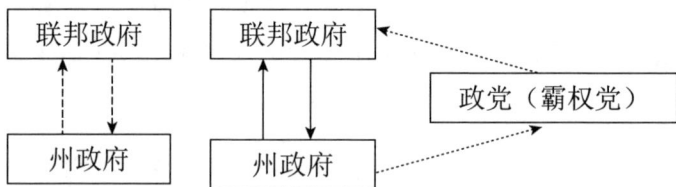

图 4　第三层重构：从法律文本上的联邦制到事实上的单一制
资料来源：笔者自制。

五　结论与启示：走向复合政治观

本文从三个方面研究了组织化政党的兴起如何重构了古典

---

① 参见〔美〕F. 坎图、S. 德斯帕萨图著，靳呈伟译《墨西哥政党制度与新联邦制》，《国外理论动态墨西哥 2012 年总统大选结果分析》2012 年第 8 期；谭道明《墨西哥联邦制与政党制度的良性互动》，《拉丁美洲研究》2012 年第 5 期；Ann L. Craig and Wayne A. Cornelius, "House Divided: Parties and Political Reform in Mexico," in Mainwaring, S. and Scully, T. (eds.), *Building Democratic Institutions: Party Systems in Latin America.* Palo Alto, CA: Stanford University Press, 1995, pp. 251 – 252。

② 〔美〕霍华德·弗·克莱因：《墨西哥现代史》，天津外国语学院、天津师范学院《墨西哥现代史》翻译组译，天津人民出版社，1978，第 244 ~ 246 页。

宪制预设的权力关系：先前实质的权力关系因政党的介入而虚化，而先前虚化的权力关系也可能因政党的介入而实化。这一复杂现象揭示了现实中的政治制度不仅仅是宪法文本的简单投射，而是宪法文本、政治组织、政治人物复杂互动的结果。受制于"法条中心主义"的思维局限，法学家通常会忽视政党这一宪制的"编外组织"，将研究视野集中在立法、行政与司法等"编内组织"。即使"二战"后出现了政党宪法化的现实发展，法学界的研究重点依然围绕宪法如何影响政党，对政党如何影响宪制却缺乏系统性的研究。于是，研究政党如何影响宪制的课题不可避免地落在了政治学家肩上，其原因还要从政治学与法学的关系说起。

从学科渊源来说，现代政治学起源于美国，而创建初期的美国政治学（19 世纪末至 20 世纪初）深受当时德国"国家学"（Staatswissenschaft）的影响。国家学本质上就是宪法学，其研究对象是国家机构的设置等问题。因此在行为主义产生之前的很长一段历史时期内，政治学与法学（主要是宪法学）在研究对象与研究方法上高度重合。而政治学之所以与法学（主要是宪法学）实现分离，在很大程度上是因为相当一部分学者发现，现实政治不是简单按照宪法文本（剧本）展开的，而是宪法文本与政治行动者（演员）复杂互动的结果。因此，从学科的演化关系来看，政治学应该具有超越宪法学的思维模式。如果说传统政治学与法学（主要是宪法学）主要研究的是宪法文本上静态的、正式的政治制度，那么与法学分离之后的政治学则走向了复合政治观，复合政治观认为"政府的正式机制只构成了界定一个政体的部分内容"，必须"把对政体的研究从其正式机制扩展到其他一些诸如非正式结构（即政党和利益集团）、社会结构（即阶级和种族构成）以及政治文化（即有关政治世界的有生命力的信息和思考方式）等因素。正是这些因素（和正式机制一样）才是我们必须加以注意，以便理解体制是如何运作的"。①

这一点从最早写出政党专著的俄国政治评论家 M. 奥斯特罗果尔斯基的身上也得到很好的体现。奥斯特罗果尔斯基在 20 世纪初期就认识到纯粹文本分析与现实政治之间的分歧，著名政治学家李普塞特对奥斯特罗果尔斯基作了高度评价："他是组织社会学与政治社会学的重要先驱之一，他比别人更早地意识到，政治研究需要超越对正式政治制度的分析，需要更多地研究政治行为以及政府领域之外的制度体系。"②

顺着这样的逻辑，作为政治学家的美国总统威尔逊实际上也较早地认识到政党组织这一宪法的"编外组织"对美国宪法实际运行所发挥的不可或缺的重要作用：

"政府只有通过外部的政党权威，通过外在且独立于政府的组织才能团结一致，并且形成制度。我们的宪法没有提供任何其他制度让它团结一致，相反却通过辉格理论制定而成的法律让它四分五裂，处于一种分崩离析的相互猜忌状态，有必要通过外部的压力，通过细致、必要的政党纪律让政府各部门之间维持某种可以运转的联合状态，政党没有构成上的裂隙，通过系统地控制全体政府部门的人事安排，可以随心所欲地让自身投入立法与行政职能当中。"③

汉密尔顿于 18 世纪 80 年代提出了政治学的经典问题："人类社会是否真正能够通过深思熟虑和自由选择来建立一个良好的政府，还是他们永远注定要靠机遇和强力来决定他们的政治组织？"④ 英国

---

① 〔美〕詹姆斯·W. 西瑟：《自由民主与政治学》，竺乾威译，上海人民出版社，1998，第 207 页。

② S. M. Lipset, Introduction to M. Ostrogorski, *Democracy and the Organization of Political Parties*, Chicago, 1964, Vol. I, pp. xi, xiv.

③ 〔美〕伍德罗·威尔逊：《美国宪制政府》，宦盛奎译，北京大学出版社，2016，第 292 ~ 293 页。

④ 〔美〕汉密尔顿、杰伊、麦迪逊：《联邦党人文集》，程逢如等译，商务印书馆，2013，第 3 页。

著名政治思想家密尔在《代议制政府》的开篇提出同样的问题：
"政府的形式在多大程度上是个选择问题？"① 复合政治观揭示出
真实世界中的政治制度是人类理性设计与现实环境复杂互动的结
果，有些制度是人类理性设计的产物——如以宪法文本为主的法
律制度，有些则是人类的非意图性甚至是反意图性的结果——如
政党与政党制度。因此，只有走向复合政治观，才能更准确地把
握真实世界的政治运行逻辑。

The Interplay of Virtual and Real Power Relations: The Rise of Organized Political Parties and the Reconstruction of the Classical Constitutional Model

Zhang Jianwei

Abstract: In the history of western political development, the classical constitutional system based on representative system came into being much earlier than modern political parties, so it lacks the position of political parties in the classical constitutional model. With the evolution of class structure in western society and the expansion of universal suffrage, the organized mass political party as a modern political party finally came into being, and fundamentally reconstructed the classical constitutional model. The representative system model, power check and balance model and state structure model in the classical constitutional system have changed the existing operation logic and power relationship due to the intervention of modern political parties: the previous substantive relationship has been virtualized due to the intervention of modern

---

① 〔英〕J. S. 密尔：《代议制政府》，汪瑄译，商务印书馆，2007，第5页。

political parties, and the previously virtualized power relationship may also be materialized due to the intervention of modern political parties. On the one hand, it reveals the complexity of political practice and the limitations of human rationality; on the other hand, it also reveals the necessity of observing and studying politics with a compound political view.

Keywords: Political parties; Classical constitutional system; Representative system; Form of state structure

2021年第2辑 · 总第4辑

法律和政治科学

LAW AND POLITICAL SCIENCE

Vol.4, 2021 No.2

政　法

《法律和政治科学》（2021 年第 2 辑·总第 4 辑）
第 051~070 页
© SSAP, 2021

中央与地方互动性"试验"改革及其法治转向[*]

刘志伟[**]

【摘　要】为了推进经济金融等重点领域改革的有序进行，中国在渐进式的改革中采用的是"试验性"的改革思维。无论是地方政府自生自发的先行先试，还是在中央指导下地方政府的政策创新，渐进改革过程中地方政府"先行先试"的改革实践都离不开中央"推动力"和地方政府"竞争力"的共同作用。改革初期，只要地方政府政策创新符合国家的大政方针，试验主体就可以自主进行政策创新试验，而未必需要获得中央的明示性认可或者批准。中央之所以对地方政府的政策创新行为如此地包容，根本原因在于中央期冀通过地方政府的先行先试改革试验寻找国家重点领域改革的突破口，并为

---

[*]　本文系国家社科基金青年项目"地方金融监管体系的法治化构建研究"（项目编号：19CFX076）的阶段性研究成果。

[**]　刘志伟，法学博士，西南政法大学经济法学院副教授，西南政法大学金融创新与法制研究中心研究员。

改革的全面铺开积累必要的经验知识。然而，随着经验的积累、改革的深入和法制体系的日臻完善，"央地"互动性"试验"改革亟须从既往的政策性"试验"向法治性"试验"转变，以将中国经济金融等重点领域改革纳入法治化的发展轨道。

【关键词】 先行先试；政策创新；央地互动；试验逻辑

新时代中国经济金融等重大领域的改革已经进入"深水区"，改革新路径的探寻离不开理论的指引，更需要历史经验的总结。改革开放以来，中国的经济体制改革采取的是循序渐进式的制度变迁之路，即采用"试验"的方式进行改革创新试验，如果成功则逐步推向其他区域或者全国，如果失败则停止试点或者选择替代性改革试验方案继续试点直至试点成功。① 在发展型或竞争型地方政府的中国语境下，各级地方政府积极扮演或者非常乐意成为"先行先试"的政策创新角色，因为此举可为地方博取经济发展的先机，甚至还有可能使地方政府代行本应由中央政府享有的职权或者自主赋权越位行使本应属于中央政府的职权。② 在"先行先试"的政策创新中，地方政府所实施的职权"越位"行为既可能是对中央主动授权的扭曲性扩张解释，也有可能是地方政府利用自身固有职权而对中央职权的侵蚀，但中央对地方政府的职权"越位"行为给予了极大的包容。值得注意的是，中央之所以对地方政府的职权"越位"行为给予如此大的容忍或默许，根本原因在于中央期冀通过地方政府的职权"越位"行为来寻找国家经济金融等重大领域体制改革的突破口，并为改革的全面铺开积累

---

① 参见刘敏《地方政府"先行先试"的法理前提》，《探索与争鸣》2012年第1期。
② 参见王广辉、胡朋《论先行先试权评估的缘起、标准与方法》，《河南师范大学学报》（哲学社会科学版）2013年第1期。

必要的经验知识，继而保证改革的有效持续推进。然而，需要进一步申明的是，随着经济金融等重大领域改革的深入、经验的积累和法制体系的日臻完善，"央地"互动性"试验"改革亟须从既往的政策性"试验"向法治化"试验"转变，以便将新时代中国经济金融等重大领域的深化改革纳入全面"依法治国"的时代诉求和发展轨道中。

一 中国渐进式改革中的"试验性"思维

任何领域的改革创新必然会涉及对旧有制度的调整与革新，而制度调整与革新可以变革或调整的速度为标准划分为渐进式制度变迁和激进式制度变迁两种类型，以变革或调整的动力为标准划分为需求型制度变迁或供给型制度变迁，等等。值得注意的是，尽管制度变迁方式的选择可以由政治家或者特定领域的专家学者决定，但制度变迁的最优方案还是由与之相关联的客观性因素决定的。① 在经济金融等重大领域的体制改革中，受社会主义意识形态、市场经济理论认知、集体主义思维定式、多元力量博弈、传统路径依赖、改革实施成本等多重因素的影响，中国最终还是选择了"以'摸着石头过河'的哲学为指导，采取了以'增量改革'、'双轨制过渡'、'边际改进'、'试验推广'等为特征的渐进式改革"② 的路径。

（一）中国为什么选择渐进式"试验"改革路径

中国之所以遵循渐进式的"试验"改革逻辑，原因在于有关国家经济金融等重大领域的体制改革均是"牵一发而动全身"，

---

① 参见刘江会《为什么是"渐进式制度变迁"——基于中国经济改革的一种经验分析》，《江苏社会科学》2001 年第 2 期。

② 朱富强：《渐进：改革的一般逻辑》，《社会科学》2001 年第 3 期。

其涉及领域之广、事物之多、对象之复杂都是难以为人类有限的知识与理性所能考虑周全的，① 并且任何细微因素或细小环节上的过失都可能会导致整个改革的失败，甚至还会酿成不可想象的恶果。是故，人类认知能力的有限性与经济金融等重大领域体制改革本身的复杂性决定了制度的改革创新必须允许试验，并且只有允许试验才能为改革的自我矫正留下足够的完善空间，才能从实践中积累必要的理论知识和总结出市场化改革经验，继而探索出适合中国的由计划经济体制向市场经济体制演变的有效路径。事实上，中国渐进式改革路径的选择与适用正是在"试验性"改革思维的指导下完成的，或者说中国任何重大领域的渐进式改革都具有明显的"试验性"特征。

从中国经济发展方式的变迁与革新来看，从计划经济向市场经济或者是从集权经济向分权经济的转变过程中，需要对既有的货币政策、财政政策、价格形成、企业经营等宏观和微观经济领域的系列性经济要素进行改革以适应市场化的经济活动。然而，经济金融等重大领域事物本身的复杂性、关联性与经济体制改革设计者认知能力的有限性之间的矛盾难免会导致改革路径偏离事物的本质而产生或多或少、或大或小的扭曲与偏失，并且大量失误的发生在客观上是不可避免的。如果在构建理性主义的指引下采用激进式的全局改革路径，经济金融体制改革的全面性、激进性、快速变换性等特征将难以为决策或执行失误的及时修正、改革方案的合理调整留有充足的空间和余地，事实上这极有可能导致改革持续性的丧失，甚至可能导致经济金融等重大领域的改革最终以失败告终。

然而，在演进理性主义指引下的渐进式改革路径则主张通过小规模或局部试验的"试验性"改革机制来验证改革方案是否有

---

① 参见赛晓序《激进改革与渐进改革的差异之透析》，《齐鲁学刊》2003 年第 4 期。

效，如果有效则可为改革的全面推进提供实践上的经验或者直接进行全面推广；如若无效则可从中吸取教训或者从中找出"试验性"改革失败的原因并及时对现行试点改革方案进行修正，此举可在一定程度上避免国家整体层面改革危机的发生。① 无论试点改革方案最终被证实还是被证伪，渐进性改革中"试验"机制均可以为改革方案的最终选择以及大规模的推行提供实践上的指引，或者为接下来的改革提供失败的教训。从将改革经验上升到理论成果来看，即表现为"证实理论可以为其进一步推广提供客观依据，为普遍地大规模地实践提供佐证；证伪理论可以避免大规模盲目实践所造成的损失，同时为修正理论提供经验材料"②。

（二）在中国"试验"改革中中央与地方的互动

中国渐进式改革中"试验性"的改革思维主要涵括了两个层面的内容：一方面是对中国渐进式改革中作为最重要试验主体的地方政府进行有效激励与约束，即鼓励地方政府大胆地试验、积极进行政策创新的改革试验，同时又将地方政府的政策创新行为控制在一定的限度之内，以维护中央权威、社会稳定和国家法治的统一；另一方面中央为了激励地方政府进行政策创新试验，对地方政府的政策创新措施、地方政府政策创新的失败给予一定的包容，当然包容还是以中央权威、社会稳定和国家法治的统一为底线，并且国家法治的统一具有一定的软约束的特征。事实上，中央在渐进式改革逻辑的指导下，对地方政府的行为给予了最大的默许与宽容，也积极鼓励和支持地方政府进行多元化的政策创新，只要地方政府不违背中央的政策底线——即使未经获准的政策创新也可因政策创新的成功而不被制止，甚至还可能进

---

① 参见薛汉伟、孙代尧《中国走向市场经济的渐进改革》，《北京大学学报》（哲学社会科学版）1996 年第 3 期。

② 陈红娟：《降低风险与道路内生——试错式改革与中国特色社会主义道路的探索》，《社会主义研究》2014 年第 3 期。

行事后的追认和广泛推行。总之，中国渐进式改革中"试验性"的改革思维是，只要作为最重要试验主体的地方政府之政策创新符合国家的大政方针，地方政府便可以自主进行政策创新试验，而未必需要获得中央明示性的认可或者批准。中央之所以对地方政府的政策创新行为如此包容，根本原因在于中央期冀通过地方政府的先行先试改革试验来寻找国家重大领域改革的突破口，并为改革的全面铺开积累必要的经验知识。然而，随着经验的积累、改革的深入和法制体系的日臻完善，中央与地方互动性的"试验"改革亟须从既往的政策性"试验"向法治性"试验"转变，以将中国经济金融等重大领域改革纳入法治化的发展轨道。

二 中央对地方"先行先试"改革的宽容

无论是地方政府自生自发的"先行先试"，还是中央指导下地方政府的政策创新，渐进改革过程中地方政府"先行先试"的改革实践都离不开中央"推动力"和地方政府"竞争力"的共同作用。中央的直接推动或者间接追认均是为了获得制度改革的优选方案，而地方政府"先行先试"的改革实践则可为国家制度改革的顶层设计积累实践经验，其中，"中央政府推动力度强弱的不等、地方政府竞争程度的不一"① 会直接影响地方政府在中国"试验性"的渐进式改革中政策创新功能的有效实现。"渐进性改革的'试验性'逻辑，决定了中央政府必须充分发挥地方政府在体制改革中的主动性和创造性，在推进全局性改革之前，先由地方政府直接或间接引导局部性的改革试验。而这样做的前提，不仅要充分赋予地方政府某些特殊的自主权，而且必须对地方政府

---

① 周望：《如何"先试先行"？——央地互动视角下的政策试点启动机制》，《北京行政学院学报》2013 年第 5 期。

在改革实验中扩张其自主性的冲动保持必要的宽容。"① 值得注意的是，中央对地方政府"先行先试"的宽容不仅涵括了中央对地方政府政策创新改革举措的宽容，还应当包括中央对地方政府政策创新改革失败的宽容。中央唯有从改革举措和改革结果这两个层面对地方政府"先行先试"的改革创新给予一定程度的宽容，才能有效地激励地方政府积极主动地去进行政策创新的改革实践，并为未来中央全局性体制改革的全面推行积累必要的实践经验。

（一）对地方"先行先试"中政策创新举措的宽容

从中央对地方政府"先行先试"中政策创新改革举措的宽容来看，中央要赋予地方政府一定的自主权限，并且允许地方政府利用其享有的自主权限在政策的边缘或真空地带进行政策的创新性改革。人类认知能力的有限性与客观事物复杂性之间的矛盾决定了中央难以对所有领域的改革创新制定明确细致的改革方案，而只能对制度改革的目标、方向、原则等基本问题进行框架性的规定，此时具体改革方案的寻找或指定则不得不依靠地方政府的"先行先试"来完成。尤其是那些亟须进行改革但尚未寻得有效改革思路的重大问题或重点领域。中央对地方政府"先行先试"中政策创新改革举措的宽容，是为了激励地方政府在其辖区内积极主动地进行政策改革创新，为国家全局性的体制改革的全面铺开积累实践经验。当然，中央之所以愿意通过地方政府"先行先试"来寻找重大领域体制改革的突破口，一是因为不同层级、不同区域地方政府的"先行先试"是在自主权的范围内编制适合本地区的体制改革方案，这可为中央未来体制改革的全面施行提供多元化的选择方案，并能够实现体制改革方案的比较性选优；二

---

① 何显明：《市场化进程中的地方政府行为逻辑》，人民出版社，2008，第171～172页。

是地方政府 "先行先试" 的试验性机制可以在改革方案出现问题或错误时及时进行纠正，并将改革的风险限定在可控的范围之内。

（二）对地方 "先行先试" 中政策创新结果的宽容

从中央对地方政府 "先行先试" 中政策创新改革结果的宽容来看，中央要对地方政府及其官员的改革结果，尤其是失败的结果提供特定的 "安全港"。中央虽然愿意通过对地方政府 "先行先试" 中的政策创新改革举措给予宽容的方式来满足其获得重大领域良好体制改革方案的需求，但正如中央所担心的那样——改革是有成本和风险的。地方政府的改革创新对于地方政府及其官员来说也存在一定成本和风险，当改革创新的风险和收益不成正比的时候，地方政府及其官员便不会积极主动地去进行政策的改革创新，此时中央期冀通过地方政府 "先行先试" 的政策创新来对体制改革方案进行试验的目标将会落空。换言之，地方政府 "先行先试" 政策改革的成功能够保证其在地方政府之间的竞争中胜出，甚至还有可能获得额外政治或经济回报。然而，并不是所有的地方政府 "先行先试" 政策创新改革试验都会获得成功，"先行先试" 政策改革的失败将会导致地方政府自身承担改革所带来的风险和成本，尤其是负责改革创新的地方政府官员极有可能会成为 "先行先试" 政策改革创新实践风险的最终承担者。地方政府及其官员也是理性的 "经济人"，他们在进行政策改革创新的时候必然也会对改革所带来的成本和收益进行比较衡量，当改革风险大于收益的时候，他们便失去了进行政策改革创新的动力。显而易见，作为中国渐进式改革主要试验主体的地方政府，如果其丧失了 "先行先试" 政策改革创新的动力，国家层面全局性的体制改革则会出现停滞。是故，为了保证地方政府 "先行先试" 的政策创新改革成为国家获取渐进式改革优良方案的 "排头兵"，中央应在制度层面对地方政府 "先行先试" 中的政策创新失败给予必要的宽容，明确地方政府在"先行先试"中"政策创新可以失败的情形、时间跨度和影响规模，在规定的范围内允许失败，超出规定的范围和影响规模才受到处罚"[①]。

三 "试验"改革中地方的"先行先试"

如上所述，制度改革者的有限理性与减少或避免改革转型中风险或不确定性的发生，共同要求中国市场经济金融体制改革不得不选择渐进式的改革路径，同时渐进式的改革路径则决定了改革的方式必须采用"先试点、后推广"的改革方式，此即渐进式改革中"试验性"的改革思维，其中，地方政府在"试验"改革中扮演了十分重要的角色。

（一）地方在"试验"改革中的重要角色

中国渐进式改革中"试验性"的改革思维主要是从如下两个维度得以有效实现的。其一是通过中央政策推进实施的专项性"先行先试"路径，比如全国金融机构体制的改革，是先从属于国有银行中的中国银行、建设银行开始进行股份制的试点，而后将试点拓展到工商银行、农业银行，最终将试点经验应用于城市商业银行、农村信用社等中小金融机构的改革之中。其二是带有较强地方性特征的通过地方政府"先行先试"政策创新来完成的试点，其典型表现为中国经济金融等领域中的地方政府改革创新与试验，从安徽省凤阳县小岗村的土地承包经营到广东省集体土地产权流转，再到四川省遂宁市乡镇行政领导的直选等等，[②] 无一不是始发于地方政府主动的"先行先试"改革或地方政府对基层

---

① 王国红：《政策规避与政策创新——地方政府政策执行中的问题与对策》，中共中央党校出版社，2011，第213页。
② 参见张千帆《宪法变通与地方试验》，《法学研究》2007年第1期。

民众"先行先试"改革实践的维护与确认。同时，地方政府的"先行先试"还有可能是在中央授权下进行的，① 近些年兴起的金融改革试验区即典型表现。

从地方政府在中国渐进式改革的"试验性"逻辑有效实现的具体功能来看，地方政府又在政策创新改革的"先行先试"中扮演了三种不同的角色：一是借助自己的固有职权以"第一行动集团"的身份主动进行改革创新，此种情形在改革的早期实践中尤为明显，如广东省集体土地产权流转的兴起；二是在中央政府的授权范围内以代理者的身份进行改革创新试验，此种情形主要体现在中央批准的经济特区、综合配套改革试验区等各种特区的建设中；三是以"第二行动集团"的身份对微观制度主体的创新活动予以维护和确认，这主要体现在乡镇企业的兴起之中。② 质言之，地方政府在中国渐进式的政策创新改革中扮演了至关重要的角色，并且渐进式改革中经济金融等重大领域的政策创新大部分都是通过地方政府的"先行先试"来完成的。进一步讲，地方政府"先行先试"政策创新改革的动力主要源于中央通过行政分权改革赋予地方政府较大的经济管理自主权，外加中央以经济建设为中心的政策指向、财政分权、政绩考核等多种因素的影响。③ 更为重要的是，中央对地方自主权的授予采用的是政策性分权而非法律性分权的方式，此举为地方政府自主权的扩张和改革创新的程度、范围提供了较大的弹性空间。

（二）改革的"试验"主体为什么主要是地方

中国渐进式改革中的"试验"主体为什么选择了地方政府而

---

① 参见李宜春《政府层级管理体制改革的实践与思考》，《中国行政管理》2011年第 3 期。

② 参见陈天祥《中国地方政府制度创新的角色及方式》，《中山大学学报》（社会科学版）2002 年第 3 期。

③ 参见钟瑞庆《渐进式改革与私权的发展　中国式道路的法律角度的考察》，《中外法学》2006 年第 6 期。

不是微观的市场主体呢？从根本上讲，为了保证经济体制改革的渐进性稳定推进，既要积极地激发微观市场主体的活力，同时又要将微观市场主体的行为及其所产生的后果合理有效地置于中央权力运行的可控制范围之内，即需要选择一个控制中央权力与激发微观市场主体活力的沟通协调者，[①] 此沟通协调者必须具有上可通中央权力，下可接微观市场主体实践的特定资格或能力，而有资格或有能力扮演好这一角色的沟通协调者唯有地方政府。地方政府又为什么具有此种沟通协调的资格或能力呢？其具体原因在于地方政府既扮演中央政府在地方上的代理人的角色，又是辖区基层微观主体利益的代言人，此种角色或功能可以保证中央权力主体与基层微观主体之间信息的有效传递与互联互动。另外，中央的"放权让利"使得地方政府具有了相对独立的利益结构，并形成了能够与中央权力主体进行利益博弈的谈判能力，最终促成了地方政府中间扩散型的制度变迁方式，打破了中央"自上而下"供给主导型制度变迁方式中的"诺思悖论"和基层民众"自下而上"诱致性制度变迁方式中市场准入的双重障碍。

除此之外，地方政府被选择为"先行先试"政策创新的主体还源于国家对权威体制和有效治理的需求。在渐进式改革的逻辑下要求中央政府"放权让利"来解决经济发展的问题，而国家对社会稳定的要求则强调中央对改革创新的有效控制和约束。虽然微观市场主体的"放活"更有助于经济的发展和创新，但中央权力难以合法有效地直接对市场化的微观主体进行干预，此种情形下地方政府则可以成为中央有效激励和控制的适当对象。细言之，中央可以对地方政府采用激励性的控制机制，一方面，通过财政补贴、政治上的晋升来激励地方政府及其官员采用"先行先试"的政策创新来推动国民经济的发展，并为全局性制度改革寻找合

---

① 参见杨瑞龙《我国制度变迁方式转换的三阶段论——兼论地方政府的制度创新行为》，《经济研究》1998 年第 1 期。

适的制度改革方案；另一方面，以政治晋升为载体采用层层目标考核式的压力型体制对地方政府及其官员施加压力。总之，之所以选择地方政府作为渐进式改革中"先行先试"政策创新的主体，主要是为了遵循市场客观规律和满足中央对权威体制与有效治理的需求。

（三）地方在"试验"改革中角色的微妙变化

随着改革的逐步深化，地方政府在渐进式改革中的政策创新角色或功能正在悄然发生着些许微妙的变化。改革初期"几乎所有意义重大的改革举措——也即制度创新——都是首先由地方政府提出并试验的"[1]，但随着改革向深处迈进，地方政府"先行先试"改革已经从以往主要是由基层民众、地方政府自下而上始发而中央事后追认逐步向中央事前选择、指定特定的地方政府进行"先行先试"转变。地方政府"先行先试"改革创新角色之所以会发生微妙的转变，根本原因在于在改革创新初期，地方政府"先行先试"的改革创新主要是受意识形态和法律的双重约束，并且法律是软约束而意识形态是硬约束，地方改革创新只要不违背意识形态的约束，即可获得巨大的改革创新空间而不用考虑法律的具体限制。然而，随着意识形态的逐步解放和法治国家建设中法律体系的逐渐完善，意识形态的约束作用虽逐步降低，但法律体系逐步从不完善走向完善则给地方政府主动性的改革创新带来了阻碍。地方政府试图进行主动性的改革创新可能会触碰法律的底线，法律上的限制压缩了地方政府主动进行改革创新的空间。中国经济金融等重大领域的改革尚未完成，而地方政府主动性的改革创新又面临着法律层面的障碍，此时中央不得不通过事前选择，指定特定的地方政府进行"先行先试"的政策创新试验。

---

[1] 王诚：《试论综合配套改革中的"先行先试"》，《天津社会科学》2008 年第 5 期。

然而，有一点不容置疑的是，不论地方政府在"先行先试"政策创新中的角色发生了何种微妙的改变，改革开放以来地方政府在国家经济金融等重大领域改革创新的有序推行、改革制度的有效试验中发挥了至关重要的作用，并且未来深化改革推进阶段的创新仍旧离不开地方政府"先行先试"的政策创新试验。具体来讲，在新一轮的经济金融等重大领域的体制改革中，地方政府"先行先试"的政策创新试验仍然具有十分重要的"试验"功能。具体如，在新一轮金融改革中，中央政府已经批准了温州市金融综合改革试验区（以民间金融、地方金融改革为核心主题）、广东珠三角金融改革创新综合试验区（以城市、农村和城乡统筹发展金融改革为核心主题）、福建省泉州市金融服务实体经济综合改革试验区（以金融服务实体经济为核心主题）、云南沿边金融改革综合试验区（以跨境金融、沿边金融、地方金融改革为核心主题）、青岛市财富管理金融综合改革试验区（以财富管理为核心主题）等5个金融综合改革试验区，并分别在不同的综合改革试验区对不同的金融改革内容进行"先行先试"的改革试验。值得注意的是，5个金融综合改革试验区都是以行政区划为单位，由地方政府在国家的授权范围内进行"先行先试"的改革试验，并且由地方政府扮演金融改革主要推进者的角色。此外，自2005年开始的上海浦东新区、天津滨海新区等10个"综合配套改革试验区"的建立到上海、广东、福建、天津等地"自由贸易试验区"的建设等，也无一不证明地方政府在中国"试验性"的渐进式改革中仍然扮演着不可替代的角色。

四　中央与地方互动性"试验"改革的法治化转型

中国四十余年的改革开放已经使经济金融等重大领域的改革开始触及最深层次的、最核心的要素市场问题，并且随着中国社会主义法治体系的确立与完善，地方在经济金融等重要领域的"先行先试"改革也受到越来越多的法律上的限制或者说几乎完全丧失了自主性的"先行先试"改革空间。具体原因在于：一是从《宪法》《立法法》等法律规定来看，经济金融等重大领域改革的核心问题多属于中央的专项事权，地方根本没有权限通过"先行先试"来探寻改革路径，除非得到全国人民代表大会及其常务委员会特别授权；二是包括《商业银行法》《土地管理法》在内的经济金融领域基本法律已经相对完善，经济金融管理权力在纵向与横向层面的划分也相对明确，并且地方政府经常性地被排斥于法律规范制定主体和重要经济金融管理权力行使主体的范围之外。政策（尤其是地方性政策）已经没有了"先行先试"的法律空间，除非是为了执行有关政策而细化法律规定或者是针对新情况而创新制定地方性法规。因此，未来"央地"互动性"试验"改革的深入推进，亟须从传统的政策性"试验"向法治化"试验"转变，并且"央地"互动性"试验"方式的转变主要体现在如下两个方面：其一，全国人民代表大会及其常务委员会特别授权地方暂调（停）适用现行法律的部分条文；其二，在法律允许的限度范围内授权地方通过制定非抵触性地方性法规的方式进行"先行先试"改革。

（一）"暂调（停）适用法律"的特别授权

"暂调（停）适用法律"可谓中央与地方互动性"试验"改革中中央权力机关所采取的一项创新性改革举措，充分体现了我国中央权力机关运用立法智慧为新时代经济金融等重大领域改革提供法律空间的努力，并将扮演"先行先试"改革重要角色的地方纳入了法治化的发展轨道。[①] 从制度规范的设置来看，《立法

---

① 参见黎娟《"试验性立法"的理论建构与实证分析——以我国〈立法法〉第 13 条为中心》，《政治与法律》2017 年第 7 期。

法》第 13 条规定:"全国人民代表大会及其常务委员会可以根据改革发展的需要,决定就行政管理等领域的特定事项授权在一定期限内在部分地方暂时调整或者暂时停止适用法律的部分规定。"即"暂调(停)适用法律"理念在立法上的具体贯彻实施。

值得注意的是,《立法法》有关"暂调(停)适用法律"之规定实乃对中央权力机关为保障经济金融等重大领域改革依法进行而自主"先行先试"创新实践的经验总结。之所以如此言说,究其根本在于 2015 年《立法法》尚未修改之前,旧《立法法》并没有对"暂调(停)适用法律"进行规定,但全国人民代表大会及其常务委员会已经根据经济金融等领域重大改革的切实需要,"先行先试"地对"暂调(停)适用法律"进行了实践上的"试验性"尝试。最为典型的实例是 2013 年 8 月 30 日第十二届全国人民代表大会常务委员会第四次会议审议并通过了国务院关于提请审议《关于授权国务院在中国(上海)自由贸易试验区等国务院决定的试验区内暂时停止实施有关法律规定的决定(草案)》的议案,并决定对国家规定实施准入特别管理措施之外的外商投资,暂时调整和停止《外资企业法》《中外合资经营企业法》《中外合作经营企业法》中有关行政审批规定之适用。

2015 年修正的《立法法》发布之后,在经济金融领域"暂调(停)适用法律"最为典型的实践即是 2015 年 12 月 27 日第十二届全国人民代表大会常务委员会第十八次会议审议并通过了《关于授权国务院在实施股票发行注册制改革中调整适用〈中华人民共和国证券法〉有关规定的决定(草案)》,对拟在上海证券交易所、深圳证券交易所上市交易的股票的公开发行,调整适用《证券法》关于股票公开发行核准制度的有关规定,实行"注册制"而不是"核准制"。更有意义的是,2018 年 2 月 24 日第十二届全国人民代表大会常务委员会第三十三次会议审议并通过了《关于延长授权国务院在实施股票发行注册制改革中调整适用〈中华人民共和国证券法〉有关规定期限的决定》。

事实上，中央权力机关"暂调（停）适用法律"之特别授权改革举措的采用，改变了在既往改革中，地方政府"先行先试"改革单纯建立在党中央、国务院对经济金融等领域重大改革政策的指引基础上的局面。同时，也改变了地方在改革初期的经济金融等重大领域的改革试验中，即使有违当时经济金融法律的基本规定，只要是在政治硬约束的框架之下，并且取得了试验上的良好效果或巨大成功，中央通常也会对地方在经济金融等重点领域的"先行先试"改革给予最大程度包容的局面。值得注意的是，现在经济金融领域的重大改革已经进入"深水区"、相关法律也已经相对完善，并且正在落实全面"依法治国"的时代诉求，因而在新时代中央与地方互动性的"试验"改革中，地方的"先行先试"需要在法律的制度框架之下展开，并且中央对地方改革的包容也只能是法律限度范围内的包容，即中央与地方互动性的"试验"改革须由"政策性"向"法治性"转变。

（二）非抵触性地方性法规的"先行先试"

中央与地方互动性"试验"改革法治化转向的另一路径是地方权力机关制定非抵触性地方性法规。作为改革开放以来经济金融等重大领域改革的核心推动力量，地方进行"先行先试"改革与中央对接的方式或者是改革的空间主要依托于党中央、国务院的经济金融政策，并且其对党中央、国务院政策的落实也主要通过政策的方式予以实现。值得注意的是，以政策推动"先行先试"的改革在改革初期通常不会面临法律上的障碍，但当改革进入攻坚阶段或者"深水区"，经济金融等重点领域基本法律的完善使地方不得不采取法治化的方式来推进改革的继续深化，否则其改革将缺乏法律的支撑。比较典型的实例是"e租宝案件"。"北京金融局早在e租宝风险蔓延之前就发现其异常指数很高，但对如何有效监管力所不逮。'当时北京金融局约谈了三家风险指数高的网贷机构,另两家都整改了,但 e 租宝不接受管理,认为没有上位法,认为北金局从法律上管不了它。'"① 是故,无论是促进经济金融发展的改革,还是加强经济金融管理的改革,地方的"先行先试"都必须纳入法治化的发展轨道。唯有如此,地方在经济金融等重点领域的改革才能够合法合理地继续向前推进,否则未来地方在经济金融等重点领域的"先行先试"改革,将缺乏合理有效的法律手段或者全面系统的法律保障。

非抵触性地方性法规的制定,一方面体现为对上位阶法律、行政法规的具体细化执行;另一方面是在法律、行政法规尚未作出规定的情形下进行漏洞的填补和制度的补白。就前者而言,地方性法规只能为执行法律、行政法规已作出规定的事项进行细化或者是依据特别授权对特定事项进行创新试验。事实上,非抵触性地方性法规的制定并不能为地方政府的"先行先试"提供足够的自我发挥空间。退一步讲,即使存在空间也仅仅是其中的"依据特别授权对特定事项进行创新试验"这一事项,事实上这与中央权力机关"暂调(停)适用法律"的特别授权相衔接。值得深究的是,真正能为地方"先行先试"改革试验提供空间的是法律、行政法规尚未作出规定但又属于地方自我权限范围内或者是中央与地方权限划分尚不清晰的领域。改革初期地方之所以具有巨大的试验改革空间,核心就在于法律体系的不完整性,这种情况保证了改革不存在太多的违法可能。与改革初期不同的是,当下地方只能在不违反既有经济金融法律的空间范围内进行"先行先试"的改革创新试验,稍有不慎或偏离便有可能违背现行经济金融法律的规定,导致地方"先行先试"改革的形式违法和实质内容无效的局面。

具体来讲,在经济金融等重大领域改革创新实践中,当下地

---

① 张宇哲等:《地方金融监管鸿沟》,《财新周刊》2018 年第 4 期。

方最有"先行先试"试验空间的领域是新型的地方金融领域。原因在于随着金融领域改革的深化，传统正规金融组织或业态在深化创新的同时，诸多新型的地方性金融组织或业态也在市场和地方政府的共同作用下蓬勃发展。譬如，以地方金融办（局）为典型代表的地方金融工作部门的设置使得地方政府拥有了专门的机构或部门来负责地方金融的规划发展，推动地方政府融资方式和地方金融组织或业态的创新，并且随着国家金融改革和市场金融创新的深入发展，样式繁多、类型各异的地方性类金融或准金融组织或业态获得了快速发展空间，如小额贷款公司、融资担保公司、地方金融资产管理公司、地方金融资产交易所、区域股权交易中心等，并且其数量庞大、从业人员众多、业务增长量或存量也非常大。截至 2021 年 3 月 31 日，全国共有小额贷款公司 6841 家，从业人员 69039 人，贷款余额 8653.15 亿元。①

　　然而，值得注意的是，地方性金融组织或业态的蓬勃发展与既有的以"一行二会"为核心的中央垂直金融监管体制之间存在巨大的张力，"针对传统正规金融机构所建立的中央垄断性垂直金融监管体制已难以对地方金融的扩张性发展形成有效性监管"②。对此，地方政府除了配合完成行政管理体制的改革，从地方金融工作办公室加挂金融监督管理局的牌子过渡到地方金融监督管理局加挂金融工作办公室的牌子外，最重要的就是，诸多省人民代表大会及其常务委员会开始制定与地方金融相关的地方性法规，如中国首部有关地方金融管理的地方性法规——《山东省地方金融条例》明确规定，在本行政辖区内从事小额贷款、融资担保、权益交易、大宗商品非标准化衍生品交易、信用互助、民间融资、

---

① 参见中国人民银行《小额贷款公司分地区情况统计表》，2021 年 3 月 31 日，http://www.pbc.gov.cn/diaochatongjisi/116219/116225/4238459/20210426142645 22952.pdf。

② 刘志伟：《地方金融监管分权：协同缺失与补正路径》，《上海金融》2017 年第 1 期。

典当、融资租赁等金融组织或业态由地方政府金融管理部门进行监管，并且明确规定法律、行政法规对地方金融活动和监管另有规定的，从其规定。① 除此之外，河北省人民代表大会常务委员会也制定了《河北省地方金融监督管理条例》，并且浙江、四川、上海等地的地方性金融管理法规也已陆续颁行，或在征求意见、讨论之中。事实上，各省级人民代表大会及其常务委员会对地方性金融管理法规的制定，即表明地方在金融领域的改革已经从传统的仅仅依靠中央政策文件、机构的改革调整，开始向更加注重地方性法规的制定转变，并且是地方在经济金融等重点领域"先行先试"改革从"政策性"向"法治性"转变的重要体现。当然，严格地讲，在经济金融等重点领域的"先行先试"改革中，地方依然存在依靠中央或者自己制定的政策进行改革的问题，譬如，"与地方金融监管权配置有关的金融制度属于'基本制度'，并且在法律尚未对地方金融监管权配置事项进行规定的情况下，全国人民代表大会及其常务委员会可授权国务院通过制定行政法规的方式对与地方金融监管相关的事项予以规定"②，而不是××省人民代表大会及其常委会依据国务院《关于界定中央和地方金融监管职责和风险处置责任的意见》（国发〔2014〕30 号）和中共中央、国务院《关于服务实体经济防控金融风险深化金融改革的若干意见》（中发〔2017〕23 号）来制定"××省地方金融（监督管理）条例"。因此，新时代中国经济金融等重大领域的"先行先试"改革亟须被纳入法治化的发展轨道，实现中央与地方互动性"试验"改革顺利从既往的政策性"试验"向法治性"试验"转变。

---

① 参见《山东省地方金融条例》第 2 条。
② 刘志伟：《地方金融监管权的法治化配置》，《中南大学学报》（社会科学版）2019 年第 1 期。

The Interactive "Experimental" Reform Between the Central and Local Governments and Its Turn to the Rule of Law

Liu Zhiwei

Abstract: In order to promote the orderly reform of major fields such as economy and finance, China adopts the "experimental" reform thinking in the gradual reform. Whether it is the spontaneous first try of local governments or the policy innovation of local governments under the guidance of the central government, the reform practice of "first try" of local governments in the process of gradual reform is inseparable from the joint action of the central "driving force" and the "competitiveness" of local governments. In the early stage of reform, as long as the policy innovation of local governments is in line with the major national policies, the test subjects can carry out policy innovation experiments independently, and may not obtain the explicit recognition or approval of the central government. The fundamental reason why the central government gives such tolerance to the policy innovation behavior of local governments is that the central government hopes to find a breakthrough in the reform of major national fields through the pilot reform experiment of local governments, and accumulate necessary experience and knowledge for the comprehensive spread of reform. However, with the accumulation of experience, the deepening of reform and the improvement of the legal system, the "central local" interactive "experimental" reform urgently needs to change from the previous policy "experiment" to the rule of law "experiment", so as to bring the reform in major fields such as China's economy and finance into the development track of rule of law.

Keywords: Pilot Program; Policy innovation; Central local interaction; Test logic

《法律和政治科学》(2021年第2辑·总第4辑)
第 071~103 页
© SSAP，2021

避险：多重逻辑下的法官司法行为[*]

张 瑞^{**}

【摘 要】在法官的司法活动中，意在规避职业风险、实现自我保护的避险行为已经成为一个制度化了的非正式行为。定分止争、服务大局、审级架构、党政司互嵌以及惩罚的机制分别从组织目标、组织结构和激励机制三个维度，共同构成了避险行为的合法性基础。避险行为不能简单归因于法官的道德或者素质，它是现行司法制度中法官个人目标与法院组织目标偏离的结果，它的稳定存在和重复再生受司法组织结构和制度环境的影响，在很大程度上也是近年来司法改革制度设计，特别是放权式司法决策过程和惩罚性激励机制强化所导致的非预期结果。要减少法官司法活动中的避险行为，需要对司法现

---

* 本文系2021年重庆市教育委员会人文社会科学研究"成渝地区双城经济圈司法协同创新机制研究"项目(21SKJD014)的阶段性成果，依托"区域协调发展法治化研究协同创新团队"。
** 张瑞，法学博士，西南政法大学博士后流动站研究人员、讲师。

象进行深入系统的组织研究，提出有力的理论解释。

【关键词】 司法改革；司法责任制；司法决策；法官行为；规避风险

一 引言

如何理解法官在司法过程中的各种应对策略和行为方式是中外研究者共同关注的重要问题。在现实主义法学思潮引领下，美国学者的相关研究引人注目，形成了多种解释法官行为的理论。波斯纳将它们总结为态度理论、战略理论、社会学理论、心理学理论、经济学理论、组织理论、实用主义理论、现象学理论以及法条主义理论等九种理论。① 这些理论为我们提供了极具启发性的思路，但却难以直接套用以解释中国法官的司法行为。

这是由中外法官所处的制度环境差异决定的：第一，政治制度不同。在西方多党竞争、轮流执政的政治制度背景下，法官之间有时会有不同甚至完全对立的政治立场。而我国法官在政治观点上具有极高的同质性，其司法行为都是为了弘扬社会主义核心价值观，贯彻党的方针、政策和路线，为社会主义现代化建设服务。第二，司法制度不同。普通法国家实行遵循先例的判例法制度。法官解释法律和创造法律的空间较大，自我实现的动机较强。我国属于大陆法系国家，法官被要求严格执行制定法。即便是在法律的空白地带或严格依法将导致实体严重不公的情况下，法官也只能根据一套完整的法律解释技术，在制定法的规定中隐秘地从事司法活动。第三，司法组织内部结构不同。英美国家的法官按照协作式的结构组织起来，同一个法院的法官们处在一种单层

---

① 对这九种理论的详细介绍以及各理论相关英文文献，参见〔美〕理查德·波斯纳《法官如何思考》，苏力译，北京大学出版社，2009，第 17~42 页。

权力结构之中，在地位上大体平等。我国司法权力的组织结构则体现出鲜明的科层制特征。法院里存在严格的等级秩序，法官们处于一个具有严格的上下级关系的组织网络之中，身份地位并不平等。第四，法官职业制度不同。英美国家实行旁门制法官职业制度，英美法官特别是美国联邦法官不属于公务员体系。他们在成为法官前已经在其他法律职业中获得了较高的经济收入，在成为法官后，其薪金也比其他公务人员丰厚，且可终身任职。法官晋升的阶梯很少，大多数法官根本没有机会晋升，即便获得晋升，美国联邦初审法官与上诉法官的薪金、特权差别也不大。① 中国法官是职业制的，法科生从学校毕业后可考入法院。绝大多数法官的整个职业生涯都与其他普通公务员一样，在法院中从低层级向高层级逐级晋升。法官之间等级差别显著，不同等级之间的收入、权力差距较大，法官谋求晋升和避免失去法官职业的意愿强烈。

国外理论解释力的不足，吸引了大量国内学者投身对中国法官行为的研究中。其中，采用学科交叉研究视角，运用社会学、人类学、认知学等其他学科理论解释法学现象的社科法学，产出了一批较有影响力的研究成果。例如，苏力、吴英姿、代志鹏、丁卫采用社会学、人类学田野调查的方法，分析了中国基层法官的司法行为。② 侯猛、方乐、王启梁虽然没有直接进行田野调查，但以跨学科视角对中国法官的司法行为进行了制度分析或文化分析。③ 李学

---

① 参见〔美〕理查德·波斯纳《法官如何思考》，苏力译，北京大学出版社，2009，第 125～128 页。
② 参见苏力《送法下乡：中国基层司法制度研究》，中国政法大学出版社，2000；吴英姿《法官角色与司法行为》，中国大百科全书出版社，2008；代志鹏《司法判决是如何生产出来的——基层法官角色的理想图景与现实选择》，人民出版社，2011；丁卫《秦窑法庭：基层司法的实践逻辑》，生活·读书·新知三联书店，2014。
③ 参见侯猛《中国最高人民法院研究——以司法的影响力切入》，法律出版社，2007；方乐《司法行为及其选择的文化注释——以转型司法中的中国法官为例》，《法律科学》（西北政法学院学报）2007 年第 5 期；王启梁《法律世界观紊乱时代的司法、民意和政治——以李昌奎案为中心》，《法学家》2012 年第 3 期。

尧等学者则从认知科学的角度，发现法官量刑的幅度会受到办案数量和工作压力的影响。[1] 在前述对中国法官司法行为的研究中，一个富有研究价值但尚未被专门问题化和系统理论化的现象值得引起重视。这个现象是什么呢？那就是法官在司法活动中，意在规避风险的诸多行为。

法官意在规避风险的司法行为，最初只散见于学者们对法官行为的综合性研究。例如，苏力观察到，审判委员会得到法官认同和支持的深层原因，是法官希望在中国的特定社会环境中有一个制度来分担自己的责任。[2] 又如，吴英姿指出，在一些案件数量多，法官超负荷运转的基层法院，法官更加关注的是如何尽快在审限内结案，避免因不能完成审判任务而被追究责任。[3] 法官规避风险的行为在这些研究中往往被一带而过，没有被当作一个专门的问题展开讨论。随着研究的深入，法官在司法过程某一环节或某一领域中规避风险的行为得到了理论界和实务界的专题关注。这些行为包括：主动让渡审判权[4]、在裁判文书中运用司法技术[5]、向检察机关或上下级法院卸责[6]等。然而，为什么法官会在司法活动中注重规避风险？既有研究并没有系统地回答这个问题。

---

[1] 参见李学尧等《认知流畅度对司法裁判的影响》，《中国社会科学》2014 年第 5 期。

[2] 参见苏力《送法下乡：中国基层司法制度研究》，中国政法大学出版社，2000，第 123 页。

[3] 参见吴英姿《法官角色与司法行为》，中国大百科全书出版社，2008，第 52 页。

[4] 参见袁小刚《刑事审判主体裁判权让渡问题研究——从审理权与裁判权的关系切入》，《郑州大学学报》（哲学社会科学版）2014 年第 2 期；广东省高级人民法院研究室理论研究小组：《法官办案责任制的健全和落实》，《人民司法》（应用）2014 年第 7 期；尹茂国：《裁判权让渡：一个不得已的选择——基于刑事法官职业风险化解视角的思考》，《法律科学》（西北政法大学学报）2016 年第 5 期。

[5] 参见钱大军、刘明奎《论法官的裁判文书风险规避策略》，《广东社会科学》2019 年第 6 期。

[6] 参见高童非《我国刑事司法制度中的卸责机制——以法院和法官为中心》，《浙江工商大学学报》2019 年第 5 期。

它们大多将法官重视规避风险的原因归结为中国有些法官抵御风险的能力较低、中国注重人情的社会文化、追责机制不完善等直观因素，缺乏对法官避险行为富有洞察力的理解。党的十九大报告指出，要深化司法体制综合配套改革，全面落实司法责任制。在法官规避风险的行为机制中，规避被追究司法责任的风险是主要内容。因此，探析法官注重规避风险的原因，厘清其中的行为机制，不仅对于深化对法官行为的认识具有理论价值，对于深化司法体制改革，促进审判体系和审判能力现代化也具有现实意义。

法官的司法活动是一种组织行为。法官避险行为的长期普遍存在，意味着这种组织现象具有稳定持续的组织制度基础和相应的组织环境。我们可以从组织学角度对这一现象进行分析解读。本文从中国法官的工作环境和面临的多重司法制度逻辑着眼，以此来解读他们的行为机制。笔者提出"避险"行为模式来解读法官注重规避风险的现象。研究者们已经提出"卸责""风险化解"等概念来描述法官的类似行为方式，为什么笔者不直接采用这些概念，而提出"避险"概念呢？一方面，是由于"卸责""风险化解"还没有发展为体系化的学术概念，对司法实践的解释力有限；另一方面，它们所描述的仅是法官司法活动的某个片段，不足以帮助我们理解法官在整体的司法过程中的各种不同行为。笔者提出"避险"概念并非标新立异，而是在一定程度上沿用了政治学领域描述政府官员行为的"避责"概念的分析思路。之所以没有直接借用"避责"概念，是因为法官所要规避的风险与政府官员意图规避的责任并不完全相同。"避险"更能准确地帮助我们描述和解释法官的行为逻辑。

本文的基本命题是，法官为多重司法制度逻辑所约束，因此表现出"避险"的行为特征，即在司法活动中强调自我保护，注重规避行使审判权引发的职业风险。法官的"避险"行为贯穿司法活动的不同领域和各个环节，有着特定的表现形式，是建立在稳定的组织制度之上的，因此，可以从理论上进行考察。本文首先提出"避险"概念的分析模型，其次以我国西部某中级人民法院法官的司法活动为着眼点，以田野调查的方式来阐明"避险"分析框架中提出的研究问题、理论概念和行为表现，最后讨论法官"避险"行为的意义。

二 "避险"：法官行为策略的一个理论解释

要认识和解读法官在司法过程中意在规避风险的应对策略和行为方式，我们不妨以政治学中描述政府官员行为的"避责"概念为讨论的起点。有关政府官员行为的政治学研究中，存在着"邀功"（credit claiming）与"避责"（blame avoidance）两大路径。随着当前各国政治经济形势的变化，越来越多的学者认为"避责"逐渐取代"邀功"成为政府官员行为的主要特征。避责行为研究源于20世纪80年代制度学派学者肯特·韦弗，并在凯瑟琳·麦格劳、保罗·皮尔森、克里斯多夫·胡德等学者的推动下逐渐形成学理共识。具体而言，避责是指政府官员采取诸多策略，规避由其职位带来的直接责任和潜在责任，以避免自身利益受到损失。[1] 国内不少学者都对我国政府官员的避责行为进行了研究。例如，倪星、王锐从事前纵向策略、事前横向策略、事后纵向策略、事后横向策略四个维度，总结了基层政府官员限制议程、下放任务、忙而不动、请示汇报、集体决策、找替罪羊等多种避责行为。[2] 谷志军、陈科霖通过对责任政治中问责与避责互动逻辑的考察，指出了我国政府官员应对问责的机构性、表象性和政策

---

① 参见倪星、王锐《从邀功到避责：基层政府官员行为变化研究》，《政治学研究》2017年第2期。

② 参见倪星、王锐《权责分立与基层避责：一种理论解释》，《中国社会科学》2018年第5期。

性三种避责策略。①

可以看到，法官将案件推给审判委员会讨论决定、在裁判文书中裁剪证据、将责任推卸给其他部门等行为，也是为了规避履行法官职务所带来的直接和潜在责任。法官的"避险"行为与政府官员的"避责"行为非常相似。那么，为什么本文不直接借用"避责"概念，而要以"避险"来进行解释呢？这是因为"避责"的解释范围不足以涵盖法官规避风险的行为，风险的内容较责任更广。法官在履行司法职责过程中所引发的直接责任与潜在责任，只是法官要规避的众多风险中的一种。法官要规避的风险，除因司法活动引发的政治责任和司法责任外，还包括晋升机会变小、人际关系受损、遭受人身伤害等内容。这些内容属于风险，而不是由法官职权带来的职责或责任。

法官在司法活动中面临的风险有哪些呢？李霞等学者将法官的职业风险划分为固有风险和社会风险。其中，固有风险包括法官认定的事实与客观事实不一致的风险、被错案追究制度追责的风险、没有按照"领导意图"办案而被调离审判岗位的风险。社会风险则包括公众对法官产生消极评价和偏见的风险，被当事人误解、辱骂和人身攻击的风险，被律师及当事人诱惑而走上违法犯罪道路的风险。② 胡昌明在此基础上，又补充了几种风险，它们分别是：工作失误的风险，即在诸如排期、送达、诉讼保全等程序性和事务性工作中失误，如超期审理、未及时查封、裁判文书存在瑕疵等；信访责任风险，即当事人不服裁判，出现信访、闹访行为。③ 根据笔者的田野调查，在上述风险之外，法官面临的风

---

① 参见谷志军、陈科霖《责任政治中的问责与避责互动逻辑研究》，《中国行政管理》2019年第6期。

② 参见李霞等《基层法官职业风险、组织支持对组织承诺的影响作用研究》，《西安交通大学学报》（社会科学版）2013年第1期。

③ 参见胡昌明《中国法官职业满意度考察——以2660份问卷为样本的分析》，《中国法律评论》2015年第4期。

险还包括另外两种：其一，没有完成司法任务的风险。法官在日常工作中面临着多重司法任务，其中既有对结案率、调解率等审判绩效指标的要求，也有对完成扫黑除恶专项斗争、基本解决执行难等专项司法工作的考核。如果法官没有完成这些司法任务，将有可能被问责。其二，没有按照领导意图裁判，职务晋升受到负面影响的风险。上述风险超出了司法责任的范围，是否实际发生具有较大的不确定性。一旦实际发生，将对法官自身利益造成明显损害。笔者用"避险"概称法官在司法活动中意在规避这些风险、实现自我保护的行为。

"避险"行为具有复杂性和多样性，法官根据不同案件和不同审理环节的情境条件，可以采用不同的避险策略，并根据策略的实际效果进行动态组合。社会学家米尔斯说，若想充分理解个体的生活，就必须结合他的人生历程在其间展开的那些制度。① 法官的这些"避险"行为策略，是其在多重司法制度逻辑引导下生成和实践的产物。这里所称的司法制度逻辑，是指那些在司法体制基础上产生的稳定运作形态。这些司法制度逻辑以及它们之间的互动，约束和规范了法官在审理方式选择、事实认定、法律适用和得出最终结论等司法活动中的行为。这些司法制度逻辑并非总是协调一致的，有时会相互冲突。分析这些多重的司法制度逻辑，有助于我们理解法官的"避险"行为。下面我们从司法行为的组织目标、组织结构和激励机制三个维度，讨论对法官"避险"行为的生成和存续影响最大的五个司法制度逻辑。

第一，定分止争的逻辑，这是法官司法活动的内部目标。司法活动的目标是多元的，其中最基础的是在个案中实现"定分止争"。"定分止争"最早出自《管子·七臣七主》："夫法者，所以兴功惧暴也，律者，所以定分止争也，令者，所以令人知事也。"

---

① 参见〔美〕C. 赖特·米尔斯《社会学的想象力》，李康译，北京师范大学出版社，2017，第224页。

这是我国沿用至今的关于司法功能的经典表述。"定分"是指法官在个案中行使司法判断权，给出解决争议的方案；"止争"则是指当事人服从法官的判断，争议得以终止。定分并不必然可以止争，因为法官做出的纠纷解决方案可能只是在法律上合乎逻辑，但未必能真正解决当事人之间的问题。可以说，"定分"只是手段，"止争"才是司法活动的最终目的。"止争"之所以重要，是"因为一个无休无止的争议经常会造成生理上、社会上和经济上的成本，而这些成本无论是当事人还是社会都没有能力去承担"①。基于此，最高人民法院要求各级法院的法官在审判工作中，都要努力实现"案结事了"。

然而，法官要实现"案结事了"并不容易。中国的超大治理规模使得中央为加强对地方司法的监督，减少地方法官的代理风险，从古至今都为不服司法裁判的当事人提供了向上级表达不满以改变裁判结果的机会。这种制度在古代表现为"进京告御状"，在现代则是信访。在古代，官民共享一套实质主义的司法正义观。法官在司法中不重视法律技术、审理形式和过程，注重在裁判中"衡情度理"，以朴实简约的平民化语言表述司法裁判。如此司法得出的裁判结果通常与民意一致，容易被当事人和社会公众接受。而在现代，高度专业化的法律知识难以为普通当事人和社会公众所理解，法官根据现代司法技术得出的裁判结论不容易被他们接受，信访制度为不服裁判的当事人提供了就纠纷继续争取利益的渠道。

如果法官承办的案件引发了涉诉信访，其可能面临的风险有以下几点。一是工作能力受到负面评价。案件信访率是考核法院和法官工作的重要指标。法官办理的案件出现信访，甚至缠访、闹访的情况后，承办法官在法院内部容易被领导和同事评价为工作能力不足、司法水平有限，从而降低该法官获得晋升的可能性，

---

① 〔美〕马丁·夏皮罗：《法院：比较法上和政治学上的分析》，张生、李彤译，中国政法大学出版社，2005，第63页。

可能会使其处于被领导、同事私下议论的尴尬境地。二是司法活动中的错误或失误被发现。信访可能引发有关部门对案件开展复查，法官在案件审理中的错误或者失误都有可能被发现，进而使法官面临被追责的风险。三是耗费大量时间精力化解信访案件。信访部门处理信访案件的工作原则是"分级处理，归口办理"。法院是由司法裁判引发的信访案件的纠纷化解责任单位，原承办法官通常是主要化解责任人。发生涉诉信访后，原办案法官需要多次向上级和有关部门做口头和书面汇报，反复与信访人沟通息诉罢访事宜。这些工作耗时费力，不仅会降低法官在办理手头案件时的注意力，还会引发法官的烦躁、抱怨、自我怀疑等消极情绪。我们不难预期，在这些风险带来的压力下，法官对在司法活动中平息当事人纷争、实现"案结事了"有着较为强烈的动力。为了平息纷争，法官会使用一些与正式规定不符的非正式制度。

第二，服务大局的逻辑，这是法官司法活动的外部目标。它要求法官在司法活动中不应法条主义地刻板适用法律，而要将个案裁判放在社会发展的大背景下考虑，把国家主导政治力量的社会治理意图贯彻到司法活动之中。通过司法裁判来推动社会整体进步，实现司法的政治效果、社会效果和法律效果的统一。什么是服务大局中的"大局"呢？邓小平曾提出："在社会主义制度之下，个人利益要服从集体利益，局部利益要服从整体利益，暂时利益要服从长远利益，或者叫做小局服从大局，小道理服从大道理。"① 可见，大局就是集体利益、整体利益以及长远利益。服务大局作为我国司法的历史使命和政治责任，是法院司法工作努力追求的重要目标。② 它在司法领域很大程度上体现为能动司法。

---

① 邓小平：《邓小平文选》第 2 卷，人民出版社，1994，第 175 页。

② 参见赵泂《牢记为大局服务、为人民司法的历史使命——记全国高级法院院长会议》，《人民司法》（应用）2009 年第 1 期；江必新《司法审判保障"十三五"规划实现的重点、盲点与亮点——兼论人民法院司法审判工作如何为经济社会发展做好司法服务和法治保障》，《法律适用》2016 年第 5 期。

能动司法的内容主要包括四个方面：一是把追求社会目标的实现作为司法的基本导向；二是以多元社会规则、多重社会价值作为司法的考量依据；三是把调解作为处理社会纠纷的常规性司法方式；四是把便民、利民作为司法运行中应当考虑的重要因素。[1]

　　我国司法之所以强调服务大局，可以归纳为以下几个原因：首先，从司法的功能上看，我国属于能动型国家，司法的目的在很大程度上是将国家政策贯彻到法官所审理的案件之中，而非只解决个案纠纷。[2] 正如张文显所指出的："法院作为中国特色社会主义司法事业的组成部分，作为社会主义政治制度的组成部分，作为上层建筑的重要组成部分，要为经济基础服务，要为社会发展提供服务。"[3] 其次，从法律的固有属性上看，法律具有一般性和滞后性的缺陷，需要有一种制度赋予司法活动灵活性。中国疆域广阔，地区之间社会经济发展不平衡，文化习俗多样，已有的制定法难以涵括复杂的社会生活，严格适用制定法并不一定能够使司法效果符合国家希望达到的治理意图。故而需要将法律的刚性与灵活性结合起来，以使司法裁判的效果与国家治理意图一致。最后，从司法与社会的关系上看，司法与社会发展存在天然联系。托克维尔将美国的"司法治理"现象评价为："在美国，几乎所有的政治问题或道德问题迟早都要变成司法问题。"[4] 社会结构的各个领域是相互关联的，任何司法问题都可能经过裁判成为政治和道德问题。因此，法官在司法活动中充分考量裁判的社会效果和政治效果具有现实合理性。

　　服务大局的逻辑意味着法官在裁判时需要重视司法的社会效

---

①　参见顾培东《能动司法若干问题研究》，《中国法学》2010 年第 4 期。

②　参见〔美〕米尔伊安·R. 达玛什卡《司法和国家权力的多种面孔》，郑戈译，中国政法大学出版社，2015，第 113 页。

③　张文显：《司法的实践理性》，法律出版社，2016，第 69 页。

④　〔法〕托克维尔：《论美国的民主》（上卷），董果良译，商务印书馆，1988，第 310 页。

果和政治效果。为了实现国家的治理目标，在某些情况下法官被允许可以不严格遵守法律规定。此外，究竟何为法院应当服务的"大局"？这个问题的答案具有模糊性，不同的主体站在各自的立场上，都可以对"大局"做出有利于自己的解释，体现出"因局而异、因人而异、因院而异、因法而异"的不确定性。① 为了更好地把握何为大局，法官们往往主动上交审判权，请距离政治中心更近的庭长、院领导以及上级法院参与司法决策。

第三，审级架构的逻辑，这是法官所处的审级制度结构。审级制度是指"法律规定的审判机关在组织体系上的层级划分以及诉讼案件须经几级法院审理才告终结的制度"②。我国实行两审终审制，在大多数诉讼程序中，当事人不服一审裁判可以上诉到二审法院。二审法院在审理上诉案件的过程中，发现一审存在重大程序违法或者基本案件事实不清的问题，可以将案件发回重审。在两审终审制的审级架构中，一审法官裁判时面临的主要风险之一是案件上诉后被发回重审。因为在现有审判绩效考核体系下，发回重审率是一项占比较大的指标。如果案件被发回重审，会对一审法官本人及其所在庭室、法院的审判绩效考评造成较大的负面影响。对于二审法官来说，其面临的风险则主要是被败诉当事人集中发泄不满和对案件终审裁判承担责任。

这也造成了一审法官和二审法官规避风险的行为方式有所不同。一审法官为了避免案件被发回重审，采取的策略主要有两种。一是动员当事人上诉。一审法官在查清案件基本事实，得出一个法律适用不一定正确的裁判结果后，会主动动员当事人上诉，将案件裁判的最终责任推卸给二审法官。二是在一审法官得出最终裁判结论前，向二审法院请示汇报，以二审法院的指导意见为依

---

① 参见胡云腾《构建人民法院服务大局观》，《法制日报》2008 年 8 月 17 日，第 12 版。

② 章武生：《我国民事审级制度之重塑》，《中国法学》2002 年第 6 期。

据做出裁判。二审法官为了规避集中承受败诉当事人不满和案件终审责任，采取的主要策略也有两种。一是将本可以直接改判的上诉案件发回一审法院，指导一审法院按照二审法院思路重新下判后，再在上诉阶段予以维持。二是在上诉案件的裁判过程中主动分散裁判权，通过向领导请示汇报、将案件提交审判委员会等方式减轻法官个人的责任。

第四，党、政、司互嵌的逻辑，这是法官所处的科层组织结构。中国法院的科层组织结构可以分为党务、行政和司法三个体系，三者的关系可以描述为"抓党建、带队建、促审判"[1]。首先，"在一个官僚组织中，可能存在几个与职能相关的平行的等级组织，但通常只有一个被认为是权威和声望的主要来源"[2]。执政党的党务系统在三者中处于绝对领导地位。在法院中最高权力机关是党组，各个业务部门都设置有党支部。党务系统的组织原则是个人服从组织、下级服从上级、地方服从中央，[3] 行为方式是政治动员。其次，行政系统将法院全体工作人员按照科层制的体系组织起来，根据各自的职能分工，分立成不同的内设机构。通过行政管理的方式调动和配置司法资源，以充分发挥法院司法审判的组织功能。在法院内金字塔形的政务系统中，体现的是上令下从的管理逻辑。行政领导行使管理权时具有主动性和鲜明的态度倾向性，注重权力运行结果的实质。最后，司法系统围绕审判权的建构和运行建立。虽然也是按照科层制的方式设置，但各个审判组织内法官的司法权是平等的。合议庭作为最小的法定审判组织实行"少数服从多数"的民主制，审委会作为法院内的最高审判组织则实行"先民主，后集中"的民主集中制。司法权的组织运行方式基本上是扁平化的，只有经审委会讨论的案件才体现出

---

① 《人民法院基层党组织组织力提升工程实施方案》，法组〔2018〕70号。

② 〔美〕安东尼·唐斯：《官僚制内幕》，郭小聪等译，中国人民大学出版社，2017，第59页。

③ 参见《中国共产党章程》第10条。

上令下从的特点。

以上三个体系在组织架构上高度互嵌：党组书记一般同时担任院长。党员副院长既在行政管理和司法业务两方面分别负有管理和监督指导职责，又同时是党组成员，参与法院内党组织的重大决策。各审判庭庭长兼任党支部书记，并与院长、副院长共同组成审委会。院长、庭长参加案件审理时，诉讼法规定其须亲自担任合议庭审判长。所有法官同时具有行政级别与法官等级两套等级身份，两者级别存在基本对应的关系。例如，一级法官对应正科级，四级高等法官对应副处级。党员法官同时也是各个党支部的成员。在三个体系的日常运作过程中，居于领导地位的党务和行政系统的组织行为逻辑，深深地渗透进了处于附属地位的司法系统，法官的司法行为逻辑体现出极大的党务和行政逻辑惯性。

党、政、司互嵌的逻辑意味着，首先，党务系统的运动型治理机制在司法系统中常规化，法官必须集中注意力完成运动式司法的各项任务，否则就会有因完不成任务而被追责的风险。周雪光观察到："党内整风运动、各类贯彻上级指示动员、工作重点部署、上级计划实施落实等活动正是运行型治理机制常规化的表现。"[①] 在法院中，党在一段时期内的工作重点部署转化为法院司法工作的日常工作机制十分常见。例如，司法维稳、马锡武审判方式、大调解、扫黑除恶等。党务系统在司法场域中的运动式治理可以在推动重点政策实施时打破官僚制的惰性，相应地，对执行重点政策不力的官员的追责也常常不遵照一般的程序和规定，比日常追责更为严厉。其次，法官对上级领导的意志高度敏感。执政党的干部人事管理原则是要求干部"又红又专"。法官管理制度中，法官的晋升主要由上级党组织或行政领导根据其红专程度来决定。做出与上级意志不一致的裁判，可能使法官晋升机会

---

① 周雪光：《中国国家治理的制度逻辑：一个组织学研究》，生活·读书·新知三联书店，2017，第147页。

受损。最后，司法权的建构与运行是上令下从式的，体现出强烈的行政化特征。本轮司法改革为了实现司法的去行政化，规定院长、庭长不再签发裁判文书，但同时也明确了院长、庭长依然具有与其职务相适应的审判监督职责。① "在政治哲学上，'监督'具有自上而下地、单方面地进行监视和督促的意思，意味着一个政治权威较大的机构或个人，对于一个处于从属地位的机构、个人所实施的行为和所作的决定，可以进行各种形式的检查、审核，对于不适当的行为和决定有权责令其撤销和改变。"② 在这种自上而下的监督机制下，法官的司法活动需要与上级意志保持统一。

第五，建立惩罚机制的逻辑，这是法官面对的激励机制。任何组织都会设计同时包含奖励与惩罚的激励机制来促使成员在活动中实现组织目标。在当前法官激励机制中，"大棒"逻辑比"萝卜"逻辑强烈得多，主要体现在一系列的惩罚机制和有限的奖励措施之中。在惩罚规则上，禁止法官从事的行为众多。相关纪律规定有的明确而细密，有的模糊而笼统。追责主体和追责程序多为自上而下的行政追责模式。是否启动追责程序、法官的行为是否属于违规范围、惩罚方式是否严厉等内容都具有不确定性。这些问题的答案如何，在很大程度上取决于追责主体是否"较真"。例如，办案质量终身负责制的"终身"概念虽在最高人民法院编写的有关读本中被解释为"是针对法官转岗、调离、退休、辞职等情况应当承担的纪律责任，刑事责任仍然要遵守《刑法》关于追诉时效的规定"③。但此解释并没有正式的规定予以明确，在实践中被法官普遍理解为"终其一生"，加重了法官在司法决策时的

---

① 参见《最高人民法院关于全面深化人民法院改革的意见》法发〔2015〕3 号，第 30 条。

② 陈瑞华：《司法裁判的行政决策模式——对中国法院"司法行政化"现象的重新考察》，《吉林大学社会科学学报》2008 年第 4 期。

③ 最高人民法院司法改革领导小组办公室编著《〈最高人民法院关于完善人民法院司法责任制的若干意见〉读本》，人民法院出版社，2015，第 199 页。

顾虑。法官员额制、法官等级制度等职业保障机制虽然提升了法官的待遇，但由于法官现有待遇的保持和未来待遇的提升都要求法官没有被惩罚机制处罚的记录，因此，法官对遭受惩罚的风险产生了较为强烈的警惕意识，对处罚机制高度敏感，会利用一切资源尽可能地避免在司法活动中被追究责任。

惩罚的机制中，一个显著特征是上级起到了关键作用。韦伯式官僚制度的核心是规章制度，对官员的约束机制和保护机制都以规章制度为本，官员谨慎行事的依据是冰冷的规章制度，因其可以为他们提供基本的保护。而中国行政管理组织制度的核心是由上下级间的忠诚、信任、庇护关系交织而成的向上负责制，这种制度下，官员更趋于规避风险。[①] 虽然韦伯式官僚制度中的官员也小心翼翼，不敢越雷池一步，但这是由于规章制度规定了明确而具体的操作规程、惩罚条件和保护机制，只要官员按章办事就不会受到惩罚。但在中国的法官制度中，地域上的庞大治理规模造成的地方差异性和社会生活的复杂性决定了不得不赋予法官司法行为一定的灵活性。为了减少法官司法过程中的代理风险，法官制度规定了总体上模糊而笼统的惩罚制度，并且没有提供稳定明晰的责任豁免制度。

在惩罚机制的作用下，法官的行为全部暴露在追责主体眼中，追责主体对法官是否追责、如何追责均不得而知。这种追责机制实质上是将法官置于类似于福柯所说的全景敞视建筑中，[②] 监督者可以不必随时对被监督者进行监控，但却实现了对被监督者持久而有效的规训：法官开始自我规训，主动对那些模糊、笼统的禁止性规定做出较为宽泛的理解。在个案司法存在风险时，通过一些隐性制度或方式，将追责主体卷入司法决策中来。

---

① 参见周雪光《中国国家治理的制度逻辑：一个组织学研究》，生活·读书·新知三联书店，2017，第 135 页。
② 参见〔法〕米歇尔·福柯《规训与惩罚》，刘北成、杨远婴译，生活·读书·新知三联书店，2012，第 219～255 页。

以上五个司法制度逻辑之间的关系是什么样的呢？在大多数情况下，它们是协调一致的。法官需要在审级架构这一司法体系中，达到定分止争和服务大局的目的。定分止争和服务大局从理论上讲不是矛盾的，而是统一的。两者的区别在于定分止争强调的是案件的司法效果，服务大局强调的是案件的政治效果和社会效果。惩罚的逻辑在法官实现这两个司法目的的过程中营造了充满不确定性的风险环境，诱发了法官规避风险的行为动机。党、政、司互嵌的逻辑在为法官带来风险压力的同时，也提供了可供法官利用的避险资源。有时个别逻辑对法官的要求可能与其他逻辑存在冲突，这种情况下定分止争和服务大局的逻辑通常会占据支配地位。法官某些违反其他逻辑而有利于实现定分止争和服务大局的行为往往能够被容忍，这是因为其他逻辑是司法活动的手段，而非最终目的。在接下来的分析中，我们将看到这些司法制度逻辑的互动。

三　民事二审中的避险行为：个案研究

如前所述，法官受到多重司法制度逻辑的制约。下面，我们以某中级人民法院法官审理民事二审案件时的避险行为来阐释和讨论前文提出的理论分析框架。我们将通过分析该法院法官审理民事二审案件不同环节中规避风险的行为，把握不同司法制度逻辑之间的互动，以及由此诱发的避险行为。本节的个案研究源于笔者2007年至2009年在我国西部Y省B市中级人民法院进行的田野调查。笔者跟踪观察了该院不同审判庭法官审理民事二审案件的全过程。田野调查表明，法官在民事二审案件审理的审理方式、事实认定、法律适用和得出结论等环节都面临着不同的风险，经常需要通过各种策略规避风险。下面，我们就按照这些环节在司法活动中的先后顺序来讨论法官的避险行为。

（一）审理方式

根据《民事诉讼法》的规定，法官审理民事二审案件的方式有开庭审理和不开庭审理两种。其中，开庭审理需要全体合议庭法官身着法袍，在法庭共同审理案件。承办法官经过阅卷、调查和询问当事人后，对没有提出新的事实、证据或者理由，合议庭认为不需要开庭审理的案件，可以不开庭审理。开庭审理的程序规范，当事人在充满仪式感的庄重环境内面对全体合议庭法官陈述主张。同时，合议庭法官全部亲历庭审过程，有利于提高终审司法裁判的公正性。因此，《民事诉讼法》规定法官审理二审案件应以开庭审理为原则。

但司法实践并非完全如此。B 市中级人民法院的法官们没有按照法律的要求，以正式开庭为常态来审理二审案件，而是采用了一种介乎于开庭和不开庭之间，被法官们称为"接待"的方式来审理二审案件。所谓"接待"，是指由承办法官独自一人按照开庭审理的程序，主持双方当事人陈述诉辩主张、举证质证，对案件进行调解的过程。如果调解成功，双方当事人在调解协议上签字后，等待领取调解书即可。如果调解不成功，通常不会另行组织正式开庭，而是在承办法官撰写载有初步裁判意见的审理报告后，将案件直接提交合议庭评议。"接待"的地点通常是法官办公室或类似于会议室的接待室，而不是法庭。法官在"接待"时不着法袍，而是穿便装或类似西装的法院制服。

根据田野调查，法官采用"接待"方式审理二审案件受三个主要因素影响。其一，"接待"有利于提高司法效率，避免案件超期。二审案件的审理期限在正常情况下只有 3 个月，在案件数量逐年大幅增长的背景下，法官原本就面临着较大的结案压力。2016 年员额制改革后，B 市中级人民法院民事审判法官人数减少了 37.5%。由于工作调动等原因，2018 年法官人数进一步减少，

3 个民事审判庭分别只有 3 名法官，各自仅能组成 1 个合议庭。与此同时，当年该院的民事案件数量较 2016 年增长了 45.4%，而该省高级人民法院通知要求年终结案率应达到 90% 以上。可以看到，法官需要尽可能提高司法效率，完成结案任务。该院由承办法官独自"接待"案件的效率，是 3 名合议庭法官同时参加开庭的 3 倍。它可以有效提高法官的结案率，避免法官因案件积压、超期而被审判管理部门问责。其二，"接待"比开庭更有利于化解纠纷。在"接待"时，当事人通常在办公室围坐同一张小会议桌，对抗的氛围没有在法庭开庭时强烈。访谈中，多名法官都谈到采用"接待"方式审理的案件更容易调解成功。其三，法官的"接待"审理不会被法院庭审直播系统录音录像，减少了法官因司法行为失当而被追责的风险。B 市中级人民法院按照上级法院部署，在所有法庭都安装了庭审录音录像系统。要求院内开庭审理的所有案件都应进行同步录音录像，通过互联网平台向社会直播。法官们担心在庭审中有不当行为被记录，因此对于二审案件一般不愿开庭审理。

在这里，我们看到了法官面临的多重司法制度逻辑的压力和矛盾：党、政、司互嵌的逻辑之下的政治任务和行政命令，要求法官完成上级划定的结案率任务。定分止争和服务大局的逻辑要求法官在工作中化解纠纷，避免因纠纷没有在终审司法中平息而影响社会的发展和稳定。强调追责的惩罚机制，诱使法官简化审理方式以提高司法效率，避免可能被追责的行为被录音录像系统记录。审级制度关于二审应以开庭为原则的要求，虽然可以增强裁判公正性，但不利于提高司法效率，容易引发当事人之间的对抗情绪。审级架构的逻辑与其他几种逻辑存在冲突，只能让位于其他几种逻辑。法院领导和审判管理部门，也只能容忍和默许"接待"这一审理方式的存续。需要指出的是，由于"接待"并不完全符合法律规定，当案件中有当事人存在上访倾向时，法官会对案件适用正式开庭。这是因为法官要避免这种非正式制度在信访案件复查中被问责。

（二）事实认定

案件事实是法官司法决策的基础，也是实践中困扰法官的首要问题。案件事实的一些固有特点使法官认定的事实很难完全反映客观现实。第一，案件事实具有制度性。法官所认定的案件事实在形式上经过了程序和证据规则的过滤，在内容上经受了实体法律规范的裁剪，是被制度建构的。第二，案件事实具有社会文化性。劳伦斯·罗森观察到社会文化对法官所建构事实的影响：社会文化可以帮助法官排除事实认定中的不确定性，文化假设会对案件事实进行填充。[①] 这种由社会成员在长期生产生活实践中形成的知识和态度，是法官用以拼接事实真相碎片的黏合剂。但社会文化具有模糊性、主观性和多样性，这导致法官在认定事实时容易出现偏差。第三，案件事实具有多主体参与性。包括当事人、律师、证人、鉴定人等在内的全体诉讼参与人掌握着影响法官建构事实的技术性能力，他们会利用各种资源来争取法官做出对自己有利的事实认定。第四，案件事实具有个人性。法官作为认定案件事实的最终主体，由于个体的性格、性别、知识结构、家庭环境、社会生活经历等存在差异，不同的法官可能对同一案件的事实做出不同认定。与客观事实差距过大的案件事实很可能导致不公正的裁判，从而为法官带来风险。

根据田野调查，这些风险包括三个方面：其一，认定事实的理由被社会公众质疑。美国现实主义法学代表人物弗兰克指出，法官司法决策过程中的"事实"具有极大的不确定性，仅仅是法官对于实际事实的猜测。[②] 法官据以做出事实认定的理由，并不一

---

① 参见〔美〕劳伦斯·罗森《法律与文化：一位法律人类学家的邀请》，彭艳崇译，法律出版社，2011，第 51～99 页。

② 参见〔美〕杰罗姆·弗兰克《初审法院：美国司法中的神话与现实》，赵承寿译，中国政法大学出版社，2007，第 17～18 页。

定为社会公众所认可，存在被社会舆论质疑和指责的风险。其二，工作作风被认为脱离群众、机械司法。在中国共产党长期的革命和建设历程中，形成了以实事求是和群众路线为主要内容的政法传统。根据这一传统，法官的司法裁判应当建立在密切联系群众、彻底查明案情的基础上。法官在认定事实时，如果严格遵守诉讼程序规定和证据规则，有可能因当事人诉讼能力有限、举证不足而做出与客观事实不符的认定。矛盾一旦激化，法官会被上级和社会公众认为工作作风脱离群众、机械司法，工作能力可能会遭受负面评价。其三，被追究司法责任。法官事实认定错误很有可能导致实体裁判不当。如果案件因申诉、信访等原因启动复查，法官有可能被认为在认定事实时违反了法律法规或存在重大过失，从而被追究司法责任。在某些极端情况下，法官甚至可能被检察机关以滥用职权罪或枉法裁判罪追究刑事责任。

法官在认定事实环节最为迫切的任务是要尽可能地使案件事实接近客观现实。这样才能为此后正确适用法律、形成公正结论奠定基础，才能达到定分止争、服务大局的要求。B 市中级人民法院的法官在该环节的避险行为，仍然是前述五个司法制度逻辑影响下的结果。

首先，尽管某些案件事实已经在一审中被认定，法官在二审中还是会通过"接待"双方当事人、现场勘查、走访调查等密切联系群众的方式，再次审查和建构案件事实。一位法官在访谈中如是说："我们很多当事人都请不起律师，他们经常在二审时候才拿出来一份关键证据。他也不是故意在一审不交，在二审里面搞证据突袭，在他们那里完全没有什么举证时限的概念。一审败诉了，才又去找对自己有利的证据。"可以看到，某些情况下一审法官认定事实并不完全可靠，二审法官在上诉环节需要亲自调查案情。

其次，利用审级架构规避证据失权制度。最高人民法院在

2002 年施行的《民事证据规定》中首次确立了举证时限制度。根据该规定，当事人超出法院指定的举证期限提供的证据如不属于法律规定的新证据的，法院不予采纳，亦即产生所谓"举证失权"的后果。笔者就当事人在二审中逾期提交的证据是否会被采纳的问题对一位副庭长进行访谈时，她说："一般二审中那种对一审认定的事实没有影响的逾期证据我们就不认。如果对一审认定的事实有重大影响，二审一般以事实不清为由发回重审，这样二审中的新证据就又可以在发回重审后的一审程序中提交了。"

再次，简化裁判文书中认定事实的理由，减少可被质疑和追责的证据。一位法官在访谈中说："言多必失，对事实的认定是一个很主观的东西，你认为发生了的事情别人不一定认同。比如南京彭宇案，① 一审法官的判决结果其实是可以接受的，错就错在法官把他认定事实的整个内心推理过程完全展现出来了。"根据田野调查，法官们会在法院内部使用的审理报告中详述认定事实理由，而在对外公开的裁判文书中简化认定理由。

复次，对某些二审已经查明了新的案件事实，需要对一审裁判做出彻底改判的上诉案件，法官会利用审级制度将原本可以直接改判的案件发回重审。一位时常以这种方式规避风险的法官说："如果二审我们直接全案改判了，一审胜诉的被上诉人在二审中完

---

① 2006 年 11 月 20 日上午，64 岁的徐寿兰在南京市水西门公交车站等候 83 路公交车。约 9 时 30 分，两辆 83 路公交车同时进站。徐寿兰准备乘坐后面的 83 路公交车，在行至前公交车后门时，彭宇第一个从公交车后门下车，徐寿兰摔倒受伤。彭宇发现后将徐寿兰扶至路旁。待徐寿兰亲属到来后，彭宇与徐寿兰亲属将徐寿兰送往医院。后徐寿兰认为是彭宇将其撞倒致伤，便将彭宇诉至法院索赔 13 万余元。彭宇表示自己与徐寿兰未发生碰撞，仅是发现徐寿兰摔倒后做好事对其进行帮扶。针对两人是否相撞的问题，南京市鼓楼区人民法院一审认为："如果被告是见义勇为做好事，更符合实际的做法应是抓住撞倒原告的人，而不仅仅是好心相扶；如果被告是做好事，根据社会情理，在原告的家人到达后，其完全可以在言明事实经过并让原告的家人将原告送往医院，然后自行离开，但被告未作此等选择，其行为显然与情理相悖。……综合该证据内容并结合前述分析，可以认定原告是被撞倒后受伤，且系与被告相撞后受伤。"参见（2007）鼓民一初字第 212 号民事判决书。

全败诉，有的当事人就会揪着二审法官不放，去上访，去告状，也就是针对二审法官。发回重审，一审法官先判他败诉，他上诉我们再维持，就没有那么大的风险了。"可见，审级架构为二审法官规避风险提供了制度资源。

最后，当法官在事实认定中遇到疑难问题的时候，他们会依据党、政、司互嵌逻辑的要求，向庭长、分管副院长请示汇报，寻求对如何认定事实的意见建议。

（三）法律适用

法律适用是法官在事实认定的基础上，将法律条文运用于个案纠纷的过程。法律规定具有一般性和抽象性，需要经过法官的解释才能适用于个案。"如果把司法过程比喻成一个乐曲的演奏，法律适用就是法官按照已有的乐谱，充分发挥自己的技艺，把歌曲最好地诠释出来。"① 法律适用构成了连接案件事实与裁判结果的桥梁。

笔者在田野调查中发现，B市中级人民法院的法官会针对不同的民事二审案件，搭配采用不同的法律适用方式。概括来说，有以下几种：一是在简单案件中，严格适用法律。对事实清楚，在现有法律体系中有可以直接适用的法律规则，不容易引发负面社会影响的常规上诉案件，法官只需根据现行法律做出维持、改判或发回重审的裁判即可。二是在难办案件中，灵活解释法律。难办案件是指"那些事实清楚但没有明确法律可以适用，或适用的结果不合情理的案件"②。当这种情况出现时，法官会根据案件的实际情况，对法律规定做出可以形成实质公正结果的解释。三是评估法律适用得出的裁判结果的影响。这是指法官在适用法律

---

① 程金华：《"合奏"的中国司法过程——兼论中国法律社会学的建构使命》，载周尚君主编《法律和政治科学》（2019年第1辑），社会科学文献出版社，2019，第4页。
② 苏力：《法条主义、民意与难办案件》，《中外法学》2009年第1期。

时，会对相应裁判结果的政治影响和社会影响进行评估，进而选择不太可能带来负面影响的适用方式。四是统一法律适用标准。二审法官在适用法律时，会注重在辖区内形成普遍规则，统一辖区内一审法官的类案裁判标准。五是利用调解化解纷争。由于现实生活的复杂性，在有的案件中，无论法官如何解释现有法律，都难以真正解决当事人之间的纠纷。这时法官会通过调解绕开某些法律规定的限制来化解纠纷。除在简单案件中严格适用法律外，法官采用其他法律适用方式时经常向庭长或分管副院长请示汇报。

以上每种法律适用方式，笔者都观察记录下了代表性案例。限于篇幅，在此仅用一个使用了"灵活解释法律 + 评估裁判影响 + 统一法律适用标准"组合的典型案例予以阐释说明。余某与妻子赵某共同参加朋友聚餐，席间众人相互劝酒甚欢。散席赵某搀扶已经大醉的余某准备离开饭店时，余某突然瘫倒在地，经急救无效身亡。此后赵某及其子女将聚会时同席的 10 人诉至法院，要求他们连带赔偿因余某死亡造成的损失 90 万元。法律没有直接规定同桌饮酒人死亡时的责任承担问题，这个案件属于没有法律明确规定的难办案件。一审法院审理后认为，余某作为完全民事行为能力人，对自己的身体情况、酒量应有清醒认识，其饮酒全程又有妻子陪伴。现余某死亡的结果与同桌 10 人劝酒的行为是否存在因果关系不明，最终判决驳回赵某及其子女的全部诉讼请求。赵某及子女不服一审裁判，上诉到了 B 市中级人民法院。

该案是当地首例因同桌饮酒人死亡引发的赔偿案件，一审下判后受到了社会各界的广泛关注。案件双方当事人的情绪都比较激动：赵某无法接受丈夫去吃了顿饭就去世了的事实，今后她将独自承担生活重担；同桌聚餐的人认为自己因为吃个饭就需要赔偿近 10 万元，感到十分委屈。在这些因素的综合作用下，二审法官在法律适用环节的压力很大。经过反复权衡，承办法官提出了以下法律适用方案：同桌聚餐的 10 人或有劝酒行为，或在别人劝酒时没有制止，这属于未尽到同桌聚餐的合理注意义务。余某作为完全民事行为能力人，没有控制自己的饮酒行为，也应承担一部分责任。据此，同桌聚餐的 10 人应分担余某死亡损失的 10% 共计 9 万元，每人各自承担 9000 元。该院审判委员会讨论同意了这种法律解释方式以及由其得出的裁判结果。审判委员会认为，这样裁判有利于引导文明聚餐的社会风气，死者家属也拿到了一些赔偿，同桌聚餐者则相当于多随了一些白事礼金，双方都可以接受。二审按照这种方式下判后，双方当事人果然都服判息诉，当地聚会劝酒的风气得到了一定程度的抑制。半年后，B 市中级人民法院辖区内的另一个基层法院也用同样的法律解释方式裁判了一起类似案件。

不难看出，前文所列的各种法律适用方式，既可以满足法院公正司法的组织要求，也可以满足法官规避风险的个人需求。如果没有采用这些策略，法官会因没有实现司法活动的组织目的而给自己带来风险。例如，无论是在简单案件中灵活解释法律，还是在难办案件中严格适用法律，得出的裁判结果都有可能是不公正的，争议难以平息。法官可能因前者被认为是枉法裁判，可能因后者被认为是机械司法。如果没有对终审裁判的社会影响和政治影响进行评估，致使裁判造成较大的不良社会影响或政治影响，法官可能被调离审判岗位。如果法官做出的终审案件的类案法律适用标准不统一，将造成下级法院类案裁判的混乱。下级法院对二审法官的不满情绪，可能通过各种正式和非正式途径传递到二审法官的上级那里，影响上级对二审法官司法能力的评价。如果法官没有在终审裁判中利用调解绕开某些法律规定的障碍实现化解纷争，不仅有可能引发当事人信访，还将使无休止的纷争扰乱社会稳定。

五个司法制度逻辑相互配合，共同约束着法官的法律适用行为。惩罚的机制设定了法律适用环节充满不确定性的风险环境。

定分止争、服务大局的逻辑要求法官在化解当事人纠纷的同时，要特别关注法律适用可能引发的社会后果和政治后果。审级架构的逻辑，需要二审法官考虑其个案法律适用将成为辖区内法律适用规范的问题。党、政、司互嵌的逻辑则为法官向领导请示汇报法律适用问题提供了制度资源。

（四）得出结论

基于查明的案件事实和法律规定得出裁判结论，是法官审理案件的最终环节。在这一环节，我国法院长期以来存在着案件审理者和决策者分离的现象。为了避免这种"审者不判，判者不审"的现象，本轮司法改革实施了法官员额制、司法责任制、法院内设机构改革等一系列措施。正如蒋惠岭所说："当前我国正在进行的每一项司法改革措施都在促进法官的独立性。"[1] 然而，笔者在田野调查中发现，B 市中级人民法院的法官在形成民事二审案件的最终裁判结果时，并不愿意独立行使审判权。对那些裁判风险较大的案件，法官会通过一系列将司法决策集体化的策略，将自己隐藏在众多参与形成最终司法结果过程的主体之中。

根据田野调查，法官将司法决策集体化的策略主要有四种。其一，向上级请示汇报。法官请示汇报的上级，包括本院庭长、分管副院长、院长和上级法院。其二，将案件提交庭务会讨论。法官在向庭长请示汇报案件后，对于部分没有足够裁判信心的，仍然存在较大风险的案件，会邀请庭内其他不是合议庭成员的法官参与讨论。其三，将案件提交专业法官会议。法官认为所审理的案件因重大、疑难、复杂而存在法律适用问题的，会将案件提交专业法官会议研究讨论。其四，将案件提交审判委员会。审判委员会是法院内的最高审判组织。经审判委员会讨论得出的案件

---

① 蒋惠岭：《"法院独立"与"法官独立"之辩——一个中式命题的终结》，《法律科学》（西北政法大学学报）2015 年第 1 期。

裁判结果引发的相应后果，主要由审判委员会集体承担，法官个人需要承担的责任较小。这些避险策略对法官起到的保护作用，因其法律地位的不同而存在差异。审判委员会对法官的保护力度最大，向上级请示汇报次之，专业法官会议再次，庭务会的保护力度最小。一个可能为法官带来风险的案件，往往经过多主体、层级化、复合式的集体决策。法官一般先向庭长请示汇报后，再经过庭务会讨论。如果法官觉得还需要更高层级的制度主体分担风险，会继续将案件提交专业法官会议讨论，向分管副院长、院长或上级法院汇报，直至提交审判委员会讨论决定。

为什么法官们不愿意独立地行使审判权，自主地得出裁判结论？一个重要原因是惩罚的机制造成追责法官适用的衡量标准不确定。虽然司法活动的法律效果和政治效果在理论上是统一的，但究竟什么是个案裁判中的"大局"，也就是对个案裁判政治效果的评判是较为主观和不确定的，法官面临着动辄得咎的风险。我国两审终审制决定二审法官不能像一审法官那样可以将案件裁判的风险推给上一级法院法官，因此，二审法官只能借助集体化司法决策的方式分散自己的风险。

经过多主体、层级化、复合式决策得出的案件裁判结果，与只经过合议庭评议得出的裁判结果有什么区别呢？田野调查发现，经过集体决策得出的裁判结果会更为注重当事人是否会服判息诉，会对裁判结果的社会效果和政治效果反复进行考量。

在法官得出个案裁判最终结论的过程中，我们看到二审法官在实现定分止争和服务大局的过程中，审级架构限制了他们可以采用的避险策略。为了避免遭遇风险，法官从党、政、司互嵌的逻辑中汲取了将司法决策集体化的合法性依据。即便在多主体、层级化、复合式的集体决策中，定分止争和服务大局的逻辑也主导了司法结论的方向。

四　讨论："避险"行为的意义

以上的经验分析集中在田野调查点民事二审法官身上，但从已有研究和笔者对其他法院不同审判领域法官的调研情况来看，这一思路也适用于其他法官的司法行为，只是表现形式因法官所处的法院层级和审判领域不同而存在差异。例如，基层法院的法官利用审级架构转移风险的方式是动员当事人上诉至二审法院。立案庭的法官在审查行政案件的起诉时，会在服务大局的压力下，做出不予受理的裁定。这是因为不同法院和不同审判领域的法官都受到本文提出的五个司法制度逻辑的约束。但他们面临的具体情境和可以利用的制度资源不同，由此采取的避险策略有所不同。本文把法官表面上看起来各不相同的行为，放在同一个理论框架中加以分析，从一个新的角度来认识法官避险行为的意义。

避险行为塑造和诱导了与组织设计事与愿违的法官行为，它的生成意味着法官对法院的组织认同度处于较低水平。组织行为学的研究表明，组织认同是个体自我对从属于某个组织的同一性感知，是在与所感知的群体组织特征的相互关系中形成的认同模式。个体对组织的认同度越高，就越会对组织表现出支持性的态度和行为。当面临选择时，他们会根据组织的战略利益来做决策。[1] 反之，如果个体对组织的认同度较低，他们在面临选择时就会更倾向于根据个人的利益来进行决策。

个体对组织的认同从何而来呢？普拉特（Pratt）认为，个体之所以对组织的认同度较高，是因为该组织满足了个体的社会情

---

[1]　参见李淑敏等《组织认同研究的重要发现及新进展》，《学术界》2014 年第 11 期。

绪需要，如地位、安全、自尊、归属与爱的需要。① 也有学者从社会交换理论的角度提出，个体对组织的认同，部分源于个体对组织支持的感知，是个体对于组织"多大程度上关心他（她）对组织的贡献，以及他（她）的生存状态的一种整体性的感知"②。此外，当组织可以为人们减少他们关心的重要事情的不确定性时，人们倾向于认同这个群体和组织。③

前文的分析表明，在以惩罚为主要内容的激励机制作用下，法官感知到的来自组织的支持较少。相比于法官在司法活动中的贡献，组织似乎更关心规训法官在司法活动中不要犯错。面对大量不确定性，法官的安全需求难以得到满足。他们开始从各种制度资源中寻找可以满足安全需求的合法性资源，稳定地生成了避险行为。田野调查中，一位在法院工作了 30 多年的资深法官说："我很担心现在的司法改革会打击我们这支队伍的积极性，压力大，责任重，干得越多，出错被追责的可能性越大，我在法院工作了几十年，本身也喜欢法官这份工作，才硬着头皮接着干，干的时候也要多点自保意识。"可见，在面临选择时，法官更倾向于从自己的利益来做出决策。避险行为与法院希望法官富有担当精神地自主行使审判权的期待背离，只是法官低组织认同度的外在表现之一。不难预见，法官其他与法院改革组织设计相悖的行为，也与法官的低组织认同度存在联系。在这里，笔者对法官那些与正式制度不符的非正式行为的生成原因，提出了一个新的解释。

在法官组织认同度处于较低水平这一背景下，法官的避险行为必然会制约司法改革的进程和成效。例如，司法责任制改革作

---

① 参见 M. G. Pratt, "To Be or not to Be? Central Questions in Organizational Identifi-cation," in D. A. Whetten&P. C. Godfrey, *Identity IN Organizations*: *Building The-ory Through Conversations*, Thousand Oaks, CA: Sage. pp. 171 – 207。

② R. Eisenberger, R. Huntington, S. Hutchinson & D. Sowa, "Perceived Organization-al Support," *Journal of Applied Psychology* 71, 1986.

③ 参见李淑敏等《组织认同研究的重要发现及新进展》，《学术界》2014 年第 11 期。

为本轮司法改革的核心和关键，被视为司法体制改革的"牛鼻子"。① 司法责任制改革以法官员额制为基础，两者的制度逻辑是：先通过法官员额制改革，选出办案能力强的优秀法官，给予其良好的职业保障，以此明确司法主体。进而在司法责任制中明确司法主体的职责和责任，最终实现"让审理者裁判，由裁判者负责"。然而，法官的避险行为却使这两个改革措施都陷入了困境：一方面，为了彻底规避法官职位带来的巨大风险，一些优秀法官不愿参加入额考试；② 一些已入额法官申请退出员额，甚至辞职离开法院。另一方面，法官会采用集体决策、请示汇报等策略，分散决策主体，将作为组织权威的领导也捆绑到决策中，最终造成司法责任主体不明，司法问责程序难以启动的局面。可以看到，法官的避险行为影响着深入推进司法体制改革的整体进程。徐小群在回顾20世纪初期中国的司法改革后，认为"国家提倡司法改革是为了实现国家的现代性，并且在这方面也确实有所成就。而地方由于社会环境的因素，却志不在此，二者对改革的认识、出发点和应对方式都不相同。这种结构上的矛盾必然导致整个体制的功能失调，这是司法改革遇到种种困难和缺陷的一个重要原因"③。法官的避险行为同样也反映出法官个体对司法改革的认识、出发点和应对方式都与改革的顶层设计者存在较大差异，它会影响设计者对未来司法改革方向的战略选择。

法官的避险行为对司法的公正高效权威产生了深刻影响。首先，法官的避险行为有损司法公正。《中共中央关于全面深化改革若干重大问题的决定》提出，要"深化司法体制改革，加快建设

① 参见最高人民法院司法改革领导小组办公室编著《〈最高人民法院关于完善人民法院司法责任制的若干意见〉读本》，人民法院出版社，2015，第16页。
② 参见李帅《司法改革中部分法官"不愿入额"现象解析》，《学术交流》2017年第9期。
③ 〔美〕徐小群：《现代性的磨难：20世纪初期中国司法改革（1901—1937）》，杨明、冯申译，中国大百科全书出版社，2018，第9页。

公正高效权威的社会主义司法制度，维护人民权益，让人民群众在每一个司法案件中都感受到公平正义"①。法官避险行为的主要目的是实现法官的自我保护，在法官规避风险的过程中，不可避免地会对司法的程序公正和实体公正造成损害，造成社会公众司法公正获得感的减损。

其次，法官的避险行为降低了司法效率。司法高效是指投入尽可能少的司法资源取得尽可能多的诉讼成果，即降低诉讼成本，提高工作效率，加速诉讼运作，减少案件拖延和积压的现象。② 正如我们在上一节中所看到的，二审法官为了转移对上诉案件大幅改判的风险，将本院可以直接改判的案件发回重审；为了避免司法责任聚焦于自己，将案件层层请示，等候审判委员会讨论决定。这些避险行为都形成了诉讼拖延，降低了司法效率。又如，由承办法官一人主持审理的"接待"审理方式，虽然提高了司法效率，却以牺牲终审司法应有的程序正义和当事人的公正获得感为代价。

最后，这也就意味着法官的避险行为还会削弱司法权威。司法权威意味着诉讼程序和裁判结果不仅应为当事人接受和认同，还应获得公众的信任和尊重。"接待"审理方式在法庭之外的场所进行，使有利于当事人和其他社会公众对裁判主体、裁判过程和裁判结果产生正义感的一系列仪式和符号都消失了。"殊不知，司法的本质就是一种满足人民正义感的仪式，专业的正确性反而不是最重要的。"③ 以"接待"为代表的许多法官避险行为，都不利于建立司法在公众心中的权威地位。

---

① 《中共中央关于全面深化改革若干重大问题的决定》，中央人民政府网站，2013年11月15日，http://www.gov.cn/jrzg/2013-11/15/content_2528179.htm。

② 参见陈光中《建设公正高效权威的社会主义司法制度之我见》，《人民检察》2009年第4期。

③ 苏永钦：《司法改革的再改革——从人民的角度看问题，用社会科学的方法解决问题》，台北：月旦出版社股份有限公司，1998，第11页。

从法官避险行为背后，我们看到了司法与政治、法官与法院、奖励与惩罚之间互为支撑有时又有冲突的复杂关系。从笔者的田野调查来看，法官的避险动机在本轮司法改革中非但没有减少，反而有所增强。这给我们的启示是：法官的避险行为是一个组织现象，受到组织环境和制度逻辑的制约。如果组织环境和制度逻辑诱导的是 A 行为，很难期待组织成员会按照要求做出 B 行为。司法改革在进行制度设计时，应加强对法官行为的组织分析，尽可能使法官的个人目标与法院的组织目标重合。

Avoiding Risk: The Judicial Behavior of Judges Under Multiple Logic

Zhang Rui

Abstract: In the judicial activities of judges, it has become an institutionalized informal behavior to avoid professional risks and realize self-protection. The mechanism of dividing and stopping disputes, serving the overall situation, trial level structure, mutual embedding of party, government and department, and punishment, from three dimensions of organizational goal, organizational structure and incentive mechanism, constitute the legitimacy foundation of risk aversion. The behavior of avoiding danger can not be simply attributed to the morality or quality of the judge. It is the result of the deviation between the personal goal of the judge and the organizational goal of the court in the current judicial system. Its stable existence and repeated regeneration are the product of the judicial organizational structure and institutional environment. To a large extent, it is also the unexpected result of the judicial reform system design in recent years, especially the decentralized judicial decision-making process and the strengthening of punitive incentive mechanism. In order to reduce the risk aversion in the judicial activities of judges, it is necessary to conduct in-depth and systematic organizational research on judicial phenomena and put forward a strong theoretical explanation.

Keywords: Judicial reform; Judicial responsibility system; Judicial decision-making; Judge behavior; Risk aversion

2021年第2辑·总第4辑

法律和政治科学

LAW AND POLITICAL SCIENCE

Vol.4, 2021 No.2

治　理

《法律和政治科学》（2021 年第 2 辑·总第 4 辑）
第 107～132 页
© SSAP，2021

"执法"与"政教"之间：基层
治安实践中的政治理性
——以公安派出所的日常工作为中心

晁　群[*]

【摘　要】本文以基层公安派出所的日常工作为对象，通过探讨
派出所的一线民警如何处理纠纷，分析基层行政组织及其成
员使用的政治话语与行动策略，从而理解他们在基层治理中
引导行动和塑造主体的"政治理性"。作为中立机器的国家
组织成员以"就事论事"的形式理性行事，也经常做出道德
判断并进行"政教"行动。国家组织机构成员与当事人之间
的互动所涉及的不仅仅是规范和决策，还有言谈举止、情感
表达以及伦理价值。警民互动的过程既反映出各自的策略技
术，也反映出人民对国家作为保护者和正义者的想象。

【关键词】基层民警；派出所；基层治安实践

---

* 晁群，重庆大学人文与社会科学高等研究院在读博士研究生。

一　引言

在西北地区某县城白杨派出所的值班大厅里，聋哑人黄某和他妻子来报案。他们比画了半天，值班民警才知道黄某的汽车被偷了。黄某称他把车停在了银行门口，出来就看不到了。一般情况下车是不会被偷的，民警很快判断应该是停错地方被交警拖走了。民警告诉黄某应该去找交警大队，但民警不会哑语，怎么讲对方也听不明白，于是写了个纸条让黄某去交警大队找。黄某要走的时候，民警喊住了他。说既然他交流不方便，还是打电话把交警叫来吧。黄某就在大厅等交警来。等了一会儿，几位交警来到值班室，说车确实被拖走放在交警大队。值班室的民警和交警们谈论这件事：

"你拖聋哑人的车干吗？"

"谁知道他是聋哑人，等我问清楚情况。"

交警不会哑语也没问清楚，又发现当事人妻子是智障人士，只好用微信联系当事人的母亲。黄某母亲到了值班室，说车是在乡里废品站收的报废车，牌照是假的，也没有驾驶执照。

交警随后用执法记录仪给黄某的母亲录了视频，随后对他们说："这个车是违规的车，不能还给你们了。你们可以叫个收废品的再卖了，钱你们拿去。"

黄某母亲说："他虽然是聋哑人，但在乡里开从来没出过事啊。"

"老人家，这不是出不出事的问题。你儿子的车没牌照要罚四千块，没驾照要罚一千，看他生活可怜都没处罚。"①

---

① 白杨派出所2021年3月11日值班日志，文中地点与人物均为化名。

  派出所的值班大厅是普通人与国家治理相遇的场所，类似上述的故事几乎每天都在发生。众所周知，派出所承担国家行政管理和执法的职能，是维持国家"日常治理"的重要机构。大量具有重复性的琐事贯穿于国家的"日常治理"工作，派出所的接警和处警是现代国家最为基础的"日常治理"活动。① 这里的工作是面向行动的、具体的，并充满冲突。一些当事人的特征、问题与规则、程序和政策的要求存在一定的紧张关系和不匹配现象。规则规范是执行法律和公共政策的"范本"，但规范的要求有时含糊不清或相互矛盾，基层警察必须不断做出关于互动对象的判断，确定如何运用规则、程序以及它们的含义和价值。这要求基层行政组织②的成员必须在规则规范与一线情况之间的紧张关系中具体思考如何行动。在基层民警与当事人的日常互动中，很少提及严肃的法条和原则性问题，往往是在不涉及抽象原则的情况下解决各种各样琐碎的问题。对派出所日常活动的考察，能够深化我们对国家日常治理活动的认识。本文希望借助具体案例的呈现及对其的分析，揭示国家基层治理中未被关注的一面，进而理解现代中国独特的治理形态。

  处理案件时，什么时候可以接受标准程序的例外？如何解释

---

① 这里所说的"日常治理"是与重大事件、仪式、活动等相对的重复进行的常规的行为，涉及普通人的日常生活。侯旭东认为中国古代统治的基调是各种日常活动，包括各种文书的处理、巡行视察活动、定期举行的仪式性与非仪式性活动，如果要更为全面地认识中国古代的政治形态与统治机制，需要对作为基调的日常统治加以研究。他提出要聚焦于秩序的形成与维系而非仅仅是事件与制度，考察处于不同位置的人如何做事，形成稳定的关系并赋予各种意义，探究这些关系如何变动。参见侯旭东《什么是日常统治史》，生活·读书·新知三联书店，2020。

② 官僚制涉及现代社会生活的各个领域，是一种技术手段，最常见的是官僚制的行政组织，参见韦伯关于正当支配的类型的论述。〔德〕马克斯·韦伯：《经济与社会》（第一卷），阎克文译，上海人民出版社，2019。本文使用"行政组织成员"，一方面因为涉及政治领域，而中国具有悠久的行政传统；另一方面由于"官僚"在现代汉语中有难以消除的负面印象，所以采用"行政组织成员"而非"基层官僚""街头官僚"等概念。

基层组织成员与当事人的交流和做出判断的过程？当事人的"态度"或"情况"意味着什么？对这些问题的讨论经常放在"自由裁量权"下。① "自由裁量权"是从静态的角度判断行为是否符合固有规则以及偏离的限度。尽管可以通过法律法规、标准程序和制度体系对具体案件中的活动进行衡量，但不能解释那些分散的行为中的自由裁量部分是如何被塑造的。一些英美警务社会学关于警察自由裁量权的研究提出不能仅依靠法学、政治学等宏大理论，更需要社会学为其提供现实根基。② 社科法学也主张以外部视角进行法律的经验研究，因为真实世界的问题都存在于特定社会，面临这些问题的是相互间存在社会关系、生活在真实的世界中的人；法律制度的运作还受到法律文化和偏好的影响。③ 对案件的分析不仅仅是教义学的"案例研究"，即寻求对法律的正确理解和适用，也应该理解人在日常事件中的实践过程和其中的"意义"。④ 也就是如韦伯所说，理解行动者赋予行动的意义，而这样的理解必然与解释联系在一起。⑤ 那些看似遥远且普通百姓难以准确理解的专业法律制度语言，在理论上描述了法律在现代社会分

---

① 相关研究参见周佑勇《裁量基准的正当性问题研究》，《中国法学》2007 年第 6 期；张彩凤、辛素《警察自由裁量权：在现代社会的可能意义》，《中国人民公安大学学报》（社会科学版）2008 年第 5 期；涂舜《论警察的自由裁量权》，《政法学刊》2016 年第 5 期。

② 参见储卉娟《论警察的自由裁量权：英美警务社会学研究及其启示》，《学海》2018 年第 5 期。

③ 贺欣：《经验地研究法律：基于社会科学的外部视角》，《学术月刊》2021 年第 3 期。

④ 一些研究在这方面作了探索，如美国学者 Zacka 的《当国家遇上马路：公共服务与道德自主》。作者在这本著作中展现了基层官僚的日常工作状态，揭示了基层官僚与普通人之间如何交流、互相理解，对此进行了社会科学的分析；并进一步深入官僚生活意义世界，结合阿伦特等政治哲学理论探讨了国家政治秩序问题。参见 Bernardo Zacka, *When the State Meets the Street: Public Service and Moral Agency*, Cambridge: Harvard University Press, 2017。相关评述参见罗楠《"当国家遇上马路"：基层官僚如何思考》，《读书》2020 年第 7 期。

⑤ 〔德〕马克斯·韦伯：《社会科学的与社会政策的知识之"客观性"》，载《韦伯方法论文集》，张旺山译，台北：联经出版社，2013。

工、分层结构中"自上而下"的控制和强加的作用；而人类学等方法"自下而上"的研究则表明法律的运作和社会成员的实践更为复杂和微妙，① 能够让"可看到但是被忽视的"日常行动重新成为"可见的"，进而观察社会成员的行动，分析解释社会中各种行动的过程和动态的秩序。

本文将通过对西北地区某县白杨派出所②值班大厅工作情况的田野调查（包括观察、访谈、参与处警等活动）③，以基层民警的日常工作为中心，探究基层行政组织的成员在交往和互动过程中参与制造和生产社会日常的秩序感，分析他们如何理解和运用自己的角色，以及这些实践方式背后有着怎样的政治和文化意涵。首先，本文在理论上论述作为现代国家中立机器的行政组织"就事论事"的特征，提出在接警处警中存在"执法"和"政教"两种实践类型。接着以一个案件的处理过程为中心，展现基层行政组织的成员在日常工作中不仅有有限的自由空间，而且有更具交互性、伦理性的工作实践，分析他们通过哪些方式对所遇到的情

---

① 如王波在《执法过程的性质：法律在一个城市工商所的现实运作》一书中讨论了当代中国城市基层的执法以及现实运作，参见王波《执法过程的性质：法律在一个城市工商所的现实运作》，法律出版社，2011。社会学中的"常人方法论"一直把法律作为研究的主题，分析法律领域的参与者如何处理日常法律实践活动，组织规范和程序的运作，如何构建持续稳定的法律秩序的观念，展示行动者处理日常事务的方法和技艺。其代表人物加芬克尔就是在关于美国陪审团的研究中运用了常人方法论的理论，他把陪审员的常识方法视为有自身合理性的一种现象。参见 Max Travers and John F. Manzo eds. *Law in Action Ethnomethodological and Conversation Analytic Approaches to Law*，Dartmouth：Routledge，1998。其他相关研究参见彭艳崇《常人方法学法律研究评述》，《法律方法》2013 年第 2 期。

② 白杨派出所成立于 1984 年，辖区总面积 286.3 平方公里，担负着白杨镇及县城的社会治安管理工作。辖区内有 3 个居民委员会 17 个村委会，共有常住人口 2035 户，53524 人，包含内部单位、重点单位、特种行业、公共娱乐场所、金融网点、涉枪涉爆单位等场所。

③ 这些调查试图将司空见惯的现象陌生化，观察分析基层警察和普通百姓运用怎样的常识来实践和组织他们的日常生活秩序，类似常人方法主张的"无所涉入"或舒茨提倡的"价值无涉的观察者"。

况进行理解和判断，提出在规则适用和案件处理中的"政治理
性"，[①] 并说明这些行为背后的预设或者抽象索引为什么会存在。
最后，将探讨公共文化中"国家"的想象，分析普通百姓与国家
的相遇是如何与广泛的政治文化背景相结合的。

二 基层行政组织的权力技术

（一）"就事论事"：日常行政的形式理性

行政在现代国家治理中扮演着重要角色，在韦伯看来，"在一
个现代国家中，实际的支配必然且不可避免地会操之于官员群体
手中，对日常生活实际发挥作用的既不是议会演说，也不是君主
的文告，而是行政处置"[②]。而现代社会官僚制的典型特征是"去
人格化"和"就事论事"，"就事论事"的"事务性"被看作官僚
制支配贯彻行政工作专业化的根本原则，意味着根据可计算的规
则而"不考虑具体人"来处理。对"事务性"目标的理性追求，
以及接受这一目标的支配，被韦伯看作"永远是官僚行动的准
则"[③]。官僚机构"非人格化"的程度越深，越能成功地消除所有
逃避计算的纯个人、非理性和情感因素。这与市场的非人格性相

---

① "政治理性"是福柯用来捕捉权力关系的知识体系和技术的词语，福柯认为治
理包含一定形式的理性，而不是工具性的暴力，西方的政治理性以公民社会、
法律权利、经济方式等为基础，以规范性理性秩序对合法治理以及整个人的
生活和活动进行结构化，在国家中流通、组织和调节其行动。参见 Michel
Foucault "'Omnes et Singulatim': Toward a Critique of Political Reason," in Paul
Rabinow and Nikolas Rose (eds.), *The Essential Foucault*, NY: The New Press,
2003, pp. 180 – 201；〔法〕米歇尔·福柯《安全、领土与人口：法兰西学院
演讲系列（1977—1978）》，上海人民出版社，钱翰、陈晓径译，2010；Wendy
Brown, *Neoliberalism's Stealth Revolution*, New York: Zone Books, 2015。

② 〔德〕马克斯·韦伯：《新政治秩序下的德国议会与政府》，载〔英〕拉斯曼、
斯佩尔斯编《韦伯政治著作选》，阎克文译，东方出版社，2009，第 120 页。

③ 〔德〕马克斯·韦伯：《支配社会学》，康乐、简惠美译，广西师范大学出版
社，2010，第 46、53 页。

匹配，因为在市场"这里既没有仁爱的义务、也不存在敬畏的义务"①。这也是现代中立国家机器的典型特征。②"法律面前人人平等"和要求法律保障权利实现、反对任意专断需要行政管理具有一种形式上理性的"客观性"，这与古老的家产制支配所"恩赐"的个人酌处权是格格不入的。③ 韦伯理想类型的官僚制作为一种高度发达的"机器"具有精确、迅速的特点，具备连续性和统一性，能够起到减少摩擦，降低物力人力成本的效果。④

现代官僚制禁止情感干预决策和命令的执行，通过对责任范围的划分，以及设立规章制度等等，形成一种逐级服从关系，中国治安体系的发展也体现了这一趋势。1983 年，全国公安工作会议通过了《关于加强和改革公安工作的若干问题》，随后中央批准各地贯彻执行。会议认为，在整个公安系统内部要有准备、有步骤地实行统一的民警体制，统一编制、统一训练、统一待遇、统一装备，评定业务职称，使公安机关的建设逐步正规化。⑤ 1995 年《中华人民共和国人民警察法》出台，宣告警察制度更加规范化。针对基层公安及其派出机构，国家和地方都制定了不少法律法规。接处警是公安派出所工作的基础内容，《110 接处警工作规则》对各环节作了规定，主要包括接警、派警、出警以及处警四部分，其中接警和派警由 110 指挥中心统一分配，派出所主要负责电话和来访接警、出警和处警的工作。110 指挥中心将案件发

① 〔德〕马克斯·韦伯：《经济与社会》（第一卷），阎克文译，上海人民出版社，2019，第 937 页。
② 参见陈涛《现代国家的中立化及其理念——晚期韦伯的"国家社会学"初探》，《社会学评论》2020 年第 3 期。
③ 〔德〕马克斯·韦伯：《经济与社会》（第二卷），阎克文译，上海人民出版社，2019，第 370 页。
④ 〔德〕马克斯·韦伯：《支配社会学》，康乐、简惠美译，广西师范大学出版社，2010，第 45 页。官僚制的"机器"意象在现代文学作品中出现十分频繁，参见洪涛《作为"机器"的国家——论现代官僚/技术统治》，《政治思想史》2020 年第 3 期。
⑤ 卢汉龙等：《新中国社会管理体制研究》，上海人民出版社，2015，第 306 页。

送到移动处警装置上，之后的工作都由派出所的民警进行。警情按类型可分为刑事案件、治安案件、群众求助，每个类型下又分为一些小类。此外，还有《公安机关执法细则》《公安机关现场执法视音频记录工作规定》等相关规范。① 2016 年 9 月，中共中央办公厅、国务院办公厅印发《关于深化公安执法规范化建设的意见》，提出要构建完备的执法制度体系、规范的执法办案体系、系统的执法管理体系、实战的执法培训体系、有力的执法保障体系，实现执法队伍专业化、执法行为标准化、执法管理系统化、执法流程信息化。② 基层警察不断提到规则规范对他们行为的指导意义："现在国家要依法治国，我们要把纠纷处理的全过程都纳入法律框架中。"白杨派出所的李所长如此解释道。

在自上而下的视野中，派出所民警不像是在国家治理中至关重要的基层干部，更像是国家大企业中的普通工人，生产基本的公共服务产品。③ 相当数量的工作是例行的，执行工作要遵循规则和程序政策。基层警察从上级那里接受了一整套具有普遍性的规则，当面对一个案件时，他们判断案件适用哪些规则；相关的规则则表明在裁定案件时应考虑的各种因素及各自的重要性以及决定运用规则的人要遵循的行为方式。这些观点集中于组织成员如何在处理案件的过程中应用国家的法律法规和程序，当事人则将

---

① 《中华人民共和国公安法律法规全书》，法律出版社，2018；相关研究参见贺小军、李晓婷《公安执法规范化建设：1979—2018》，《中国刑警学院学报》2020第 3 期；参见施峥《公安执法规范化建设之法制史考》，《公安学刊》（浙江警察学院学报）2011 年第 6 期；参见杨蓉《公安执法规范化的理论基础——从警察职能的历史与比较研究切入》，《中国人民公安大学学报》（社会科学版）2014 年第 6 期。

② 《中共中央办公厅、国务院办公厅印发〈关于深化公安执法规范化建设的意见〉》，中央人民政府网，2016 年 9 月 27 日，http://www.gov.cn/zhengce/2016 - 09/27/content_5112728.htm。

③ 韦伯用"Betrieb"（经营）指代这一采取了明确方式、具有持续性目标取向的活动。对"国家作为经营"的讨论参见 Andreas Anter, "The State As Enterprise," in Andreas Anter, *Max Weber's Theory of the Modern State: Origins, Structure and Significance*, Basingstoke: Palgrave Macmillan, 2014, pp. 202 – 206。

他们视为国家的代理人。从国家代理人的角度看，其承认自由裁量权的存在，但更强调法律和规范的重要性，认为国家建立在法律和可预见的程序之上。作为现代理性行政组织的成员通常会以无差别的个人身份对待当事人，特别是基层成员在治理中，更是且应当是"无爱亦无恨"的执行机器。这一认识具有悠久的政治科学和公共行政传统，至少可以追溯到政治与行政之间的经典区别。① 不遵循规则和程序的行为都可能会导致规则的"滥用"或"破坏"。

然而，许多情况下是组织成员自行决定要应用哪些规则或程序，将复杂的现实问题与规则程序进行匹配。尽管派出所的民警配备了执法记录仪，并且需要提交值班日志和报告，但许多工作依然建立在复杂的实践基础上。基层治安工作中强调书面事实一致、清楚完整，但在形成这些格式固定的书面文字之前，有着大量的法律之外的实践和互动。日常生活中的行动并没有严格遵循规则，基于具体行动的分析有助于解释警察的实践活动如何实质性地重塑各种权力关系和价值，普通人是如何与基础的国家基层组织互动的。

（二）"执法"与"政教"：日常工作中的互动

无论是治安案件处罚还是纠纷的调解，基层警察的工作展示了一种务实的方法，其动力是找到一种可行的（能够进行下去）、可接受的（在上级或督察质疑时能够经得起检查）和理性的处置办法。这些基层警察既强大又无能为力，既是个人的又是非个人的，既有创造力又受到规则约束，既是什么都要懂的专家又是低级的下属。民警在有权采取行动的空间内存在一些道德倾向，在开头的故事中，交警显然意识到规则和政策，并且清楚地知道何时偏离规则和偏离的理由。无证驾驶确实触犯了法律，应该受到

---

① 参见刘亚平、山姆·布朗《政治行政两分：起源、争议与应用》，《中山大学学报》（社会科学版）2010 年第 6 期。

处罚，然而交警考虑到当事人生活困难没有做出处罚，还让当事人找收废品的把车回收卖点钱。但本文所关注的不是运用道德标准来决定自由裁量权的权力范围并评价权力行使是否正确，而是现场的行为者如何产生基本的判断，并如何在实践中来施加这些判断。来派出所报案的当事人中，经常有人因为各种原因把自己的廉租房转让给他人居住，最终房屋被占用、讨要不来于是找警察的。

> 案例一：马平队长班组值班时，陈某某报案说有人占着他的廉租房不搬。马队长听后以"不是我们管的"为理由拒绝受理。廉租房的问题不应由警察来处理，当事人应当去找房管局。而陈某某继续要求警察强行让占用廉租房的人搬出去，马队长很严肃地告诉陈某某违规转租廉租房，自己本就有错误，不将房屋收回都算好的，警察没有权限管。①

不到一周，另一个班组值班时接到了一个类似的案子，不同的是报案人是一个盲人。

> 案例二：当事人李某某一个人拄着拐棍来到派出所，他的衣服破旧但还算干净。李某某称述，他的廉租房分到后自己没住过，给他哥哥住了，现在他想收回来，但他哥哥不搬还跑到了外地。值班的王教导和辅警王伟听到这个案子后，完全没有先考虑管辖权的问题，他们只是觉得要解决这个问题。李某某在说自己怎么获得廉租房时重复了好几次"共产党的政策好"。或许是盲人的身份和对党的认可，使得当事人在他们看来是更值得帮助的。于是，在问了基本情况后，接警的王伟拨通李某某哥哥的电话，在电话中让他把廉租房还给

---

① 白杨派出所 2021 年 3 月 4 日值班日志。

李某某，随后又劝导当事人："你兄弟肯定要为你考虑，你们不要闹矛盾。"李某某问："他要是还不搬怎么办？"民警回答说："不搬再来找我们，你记下我们派出所的电话号码。"最后，王教导将这个盲人送到派出所门口，看着他离开。[①]

这些案例是以具体的人为中心而不是以规则为中心，基层警察的道德判断的来源不是抽象的规则。无论法规和程序多么精确和透彻，对于负责执行这些规定的人而言，哪怕他们处于组织体系金字塔的底层，规则的实施总是会有一定程度的不确定性和回旋余地。上举两个廉租房的案例中，民警意识到除非正式机关来联系和催促，否则当事人很有可能无法自己收回房子。然而，警察在处理这些琐碎的报警案件时，没有强制的管理和统一的模式，而有一些权力运作的方式与对当事人的互动策略。他们在面对面互动的过程中做出关于当事人的判断，并运用规则、程序和法律来执行这些判断。

基层治安行政权力运作的具体方式是在"执法"与"政教"之间形塑着国家组织和普通人的权力关系。"公平"的概念与相同地对待每个人甚至无差别地实施法律法规的形式理性规范没有绝对的关联，对基层警察来说，公平与正义可能意味着根据当事人的感知价值做出回应。警察不只是法律的执行者，他们也是社会价值和品格的生产者。当事人的具体情况和态度会对警察的判断产生影响，而这种判断在某种程度上组成了基层治理中处理案件的基础。

通常，警察按照常规程序回应当事人的日常矛盾，可以看作是"执法型"。在这种情况下，警察使用规则和程序来增强他们处理方式的合法性，运用规则和程序来管理（或操纵）当事人，鼓励付出最小的成本并迅速结案。当受到当事人的挑战时，警察

---

① 白杨派出所 2021 年 3 月 8 日值班日志。

就会主张国家代理人的身份，严格而执着地执行规则和程序，向不配合的当事人展示他们的权力。比如，对于把廉租房转租出去的普通人，警察觉得不值得同情。行政活动涉及大量的规章制度，其精确范围通常是当事人所不知道的，这使行政组织成员可以在规则护盾后面寻求"匿名者"的安全状态，以熟悉的公式"我只是干自己的工作"来掩盖批评。管辖权是最基础有效而正当的拒绝受理的方式，警察经常会说"我们的规定就是这样"或"我们是按照规定来的"。

在另外的情况下，警察会对规则和程序进行变通，但不必破坏或违反规则即可帮助他们认为需要变通处理的当事人，进而在围绕案件处理的过程中承担说理和教育的职能，这一工作类型可以看作是"政教型"。① 比如本文开头的案例中，对过着艰难生活但不太可能再次无证驾驶的聋哑人，警察允许其触犯法律而不进行处罚。在对待盲人的廉租房问题时，派出所确实没有驱逐或收回房子的权力，但警察面对一个他们认为可以变通处理的服务对象，会在可能的范围内行动。李某某虽然眼睛残疾，只能靠拐棍行走，但他在报案的过程中，可以拿出专门的盲人电话熟练地查找号码、拨打电话。接警的警察看到时说："真是个巧大（方言：指有特殊技能）的人。"当事人的这些动作在无形中让警察感受到他是一个值得尊敬和帮助的人。他们耗费了一个小时和当事人交流，又打电话联系当事人的哥哥，最后还需要将案件录入"综合治理平台"系统中，这并非说规则和规范没有渗透基层工作的所有方面，也不意味着大多数行为都不符合组织机构的指导原则，而是说明在做出具体行动的时候，他们所考虑的不是是否有规范可循，而是什么样的行动可以帮助当事人解决困境。

基层民警判断谁是好人、谁有权利、谁值得救济以及可以容

---

① 政教是中国传统政治中特别强调的概念，如《唐律疏议·名例律》中所说："德礼为政教之本。"

忍或惩罚哪些行为，都可能建立在一种连续的认识上，如果当事人有真正的需求，有良好的品格并且对警察的调解或劝说做出正面的回应，那么他们很可能会偿还组织成员在处理案件上投入的精力和时间，包括承诺不再闹事和不做极端的破坏秩序的行为。就基层民警而言，他们在分配资源、提供使用程序的机会和制裁个人的过程中，代表了国家的意志并传达了对民众的要求。治安机关的执法过程充当了某种"过滤"的机制，会在日常的互动中对人民内部的具体个人进行划分。违法的人中哪些是事出有因的人，哪些是不顾公共利益、道德败坏的人，其界限并不十分清晰。人民不同于法律上平等的公民，它是一个德性上存在差序的政治概念。① 因而，人民内部的个体不是一个同质化的群体，治安组织的成员将工作看作帮助困难群众的同时教导那些不了解法律的群众，以及保护"好人"同时惩罚"坏人"。与其依靠政策来指导所谓的案件酌情决定，基层警察更倾向于对当事人的情况做出判断，然后转向政策以帮助制订方案，使他们的判断合理化。

三 "为民服务"：政党组织成员的政治实践

在日常实践中，一线的派出所民警更在乎怎样化解各种矛盾冲突，找到能够让各方接受的解决方案。随着时间的流逝，日复一日的琐碎案件、超负荷的工作压力、不合作的当事人以及艰苦的工作条件可能会让他们在面对生动的案件时变得与冷漠的执法机器一样僵化。那么，如何回应当事人的要求？哪些条件才能使这些巨大官僚机器中的螺丝钉发挥能动性？哪些因素能够调动他们对政策的理解并引导他们的行为？

---

① 魏沂:《中国新德治论析——改革前中国道德化政治的历史反思》,《战略与管理》2001 年第 2 期。

案例三：2021 年 2 月 22 日，张东警官接到韩某某报警电话，称自家两头母牛流产。张警官于当日 17 时到达当事人所在的张洼村李岔队查看现场情况。经了解，2 月 19 日韩某某发现自家两头母牛有轻微感冒，便在县城一家兽药店购买兽用感冒药，回家给牛使用药品后，第二日两头母牛相继流产，韩某某称损失价值达到上万元。[①]

按照一般情况的处理，这类产品纠纷或侵权纠纷是不归派出所管辖的。韩某某自家养的母牛流产，如果确实是兽药店出售的感冒药导致的，完全可以通过起诉至法院要求获得侵权损害赔偿。派出所也没有市场监管局查处假冒伪劣产品的职权，从管辖权和危害程度来看该案似乎都不在派出所的受理范围内。

接受这个案子的张警官没有以没有管辖权为由拒绝受理，他打电话给当事人了解了事件过程，又去韩某某家里详细调查案情。在进一步调查后，张警官得知当事人家庭条件不好，是刚摘帽的贫困户，流产两头牛对当事人的家庭是很大的损失，甚至当事人因此三天未合眼。原本只是由年龄、职业、遭遇的事件所勾勒出的对象，在调查后呈现出丰富的细节，警察进一步认识了"案情背后"的那个人。基层民警与当事人之间的互动并非一次性事件，而是在一段时期内发生的，并且可能涉及多次互动，基层民警的手机里就存了不少当事人的电话。因为与当事人的这些接触是多方面且面对面发生的，民警能够详细了解当事人的家庭背景、受教育程度、社会关系、性格特征等，基层工作互动的性质也让当事人有机会介绍自己的生活故事。这样的故事或许并不能自动按照规范管理进行分类，而是需要组织成员将这些故事中的信息"翻译"或"转化"成具有价值内涵的构造。尽管描述本身是中性的，却能够获得积极的暗示，比如"靠养牛脱贫摘帽的农民"。

---

① 白杨派出所 2021 年 2 月 22 日值班日志。

这些语言之所以关键，是因为它们同时具有描述性和评估性。可以说，原本是非人格化机器的国家行政组织成员，正作为一个人参与互动。

回到值班室，张警官和值班室同事讨论如何处理。

> "如果农药是假冒伪劣产品，应该找市场监管局，我们没办法管。你怎么证明和人家的药有关系。"
>
> "那就要检测了，但农民哪有那个钱。"
>
> "市场监管局不管就没办法。"

一线的行政人员经常发现自己陷入了"不可能的情况"，以致他们无法再履行当事人对他们的要求。布尔迪厄所研究的法国警察、基层法官、社会工作者等承担所谓"社会功能"的组织成员，他们在致力于应对新自由主义市场经济带来的种种问题时，往往面临国家赋予的繁重的"不可能完成的任务"与他们手中掌握的十分有限的处理方式和手段之间存在的矛盾。"不可能的情况"会导致个人道德机能的崩溃，社会学上称之为"认知失调"[①]。理性的技术专业化训练对于政治性实践而言不仅是不够的，而且在许多时候可能是实现良好治理的障碍，会出现外在经营性的"官僚制"治理机器限制和内在政治伦理之间的冲突。在这样的情况下，组织成员有效继承的规则所提供的指导都已穷尽，仅略微改变规则是不够的，他们的自主行动将超出具体规则的范围，为实现目的需考虑更多可能的合理方式和手段。

---

① 所谓"认知失调"是指由于做了与态度不一致的行为而引发的个体的心理紧张。参见毕向阳《在理念与现实之间——当代中国法治化进程中体制内法治工作者职业倦怠研究》，《社会》2016 年第 4 期。文中认为引起体制内法治工作者职业倦怠的一个重要根源是法治理念与工作实践之间的冲突引起的认知失调或心理落差。

第二天，张警官和另一位民警前往农业农村局找主管李局长对接此事，提出对农民损失和流产母牛后续治疗的担忧，李局长也很重视这个案子，安排人员快速受理，当天下午，卫生动物监督所工作人员前往韩某某家查看母牛情况。

对于特殊的当事人，在政党"为民服务"政治伦理的驱动下，基层警察会调动更多资源帮助他们搭建桥梁。

2 月 24 日，张警官得知经过农业农村局协调，兽药店须赔偿韩某某一定经济损失，并持续为流产母牛治疗一个月。韩某某给张警官打电话说："感谢你，小兄弟。"①

事件的解决展示了法律纠纷规范框架之外的一种解决方式，过不了多久，母牛又会孕育新的小牛，而母牛的治愈或许是某种象征——共同体内部的相互依赖和团结。正如我们能够从故事中看到的，国家、政党组织成员与当事人之间的互动所涉及的不仅仅是决策，还有言谈举止、情感的表达以及伦理价值。这些相遇在国家的日常治理中是有意义的，不应被最终的书面裁决所掩盖。在日常的纠纷解决和接警处警工作中，组织成员对自己角色的理解影响了他们的互动和处理方式。② 这类行动取决于基层组织成员的政治认知、他们的感受力以及价值敏感性。

不过，除了个体的选择和风格，我们仍旧能在事件过程背后看到某些结构和话语，需要说明引导张警官如此行动背后的"预设"或者抽象"索引"③ 为什么会存在。在母牛流产案这一互动

---

① 白杨派出所 2021 年 2 月 24 日值班日志。
② 参见 Paul Lichterman and Isaac Ariail Reed, "Theory and Contrastive Explanation in Ethnography," *Sociological Methods & Research* 44, 4 (2015)：585 – 635。
③ 参见李化斗《社会生活中的具体与抽象兼论"过程—事件分析"》，《社会》2011 年第 2 期。

情境中，行动背后的预设是什么，是通过何种方法贯彻的？一方面，张警官没有刻板地理解管辖权和警察的职责，而是去找农业农村局的领导说明情况，表明母牛流产对一个刚脱贫的农民来说是怎样的损失。这固然体现了行动者的选择能力，是某种"能动性"的体现。另一方面，这种能动性并非只存在于母牛流产案件中，还影响和引导了行动者的倾向性，为行动者划定了选择范围的"预设"，是以宏观的国家政治话语和制度价值的形式存在的"结构"。国家的组织和训练在塑造道德认同和角色观念方面也发挥了作用，组织内部存在着根基性的价值规范和意义世界，赋予其成员一整套看待世界时使用的框架，使他们能够拟定自己的道德倾向，并能鼓励他们采取特定的方式行事。涉及行政组织成员在解决纠纷和执行法律时行动的倾向，要看到一些特别的价值观念和驱动因素在日常行动中的作用，一些政党组织的文化和风格如何影响日常生活中的主张，增强或限制其成员履行职能的能力。这些特别的价值观念和文化风格，将有助于基层警察把日常工作看作一种"天职"，"为民服务"的政治伦理向组织的成员进行"询唤"，① 可能使他们艰辛而无聊的工作变得值得。获得帮助的当事人也对他们给予了回报，案件的解决成为成功的"典范"：当事人应受帮助并得到帮助，成为具有生产力且矛盾得到解决的人民的一部分。

这个案件中，"扶贫""贫困户"作为索引指向了国家的整体战略。2021 年 2 月 25 日，全国脱贫攻坚总结表彰大会召开，白杨派出所的值班室民警们也一同观看。就在几天前，接警的一件普通案件让国家层面的政策话语在这里变得可感。意识形态和政治话语设定了组织成员的思维过程，将普通人从有权利的对象转变为需要被服务的对象，将权力的行使、潜在的不稳定因素的消除

---

① 参见〔法〕路易·阿尔都塞《论再生产》，吴子枫译，西北大学出版社，2019。

转化为情感交流和互助活动。这种情感措施弥补了去政治化国家对民众工具化"管理"所造成的僵化和冷漠，① 而强调照顾个体无法掌握的意外、贫穷和痛苦的人的福祉，让基层警察面对案件时采取积极的、建设性的以及在手段与目的间理性考量的权力行使形式。这要求基层的治安策略不只是关于规范和惩罚，还是关于心和情的应用，不仅包括执行规范，还包括政治品质和道德实践。帮助有价值的当事人有时可能需要突破固有规则的约束，这些特别的时刻是基于法律授权与组织成员对公平或正确做事的信念之间的紧张关系而产生的。面对这些时刻，基层警察有时在法律、机构规则和程序的基础之外运作，这让我们将视线转移到具体的人身上。一件普通的侵权纠纷和脱贫攻坚产生了联系，在与当事人的其他属性的关联中，张警官在机械和重复的程序之外加入了政治伦理来思考。这种政治意识和主体状态的变化，并不是僵化的宣传教育导致的，这是作为国家组成部分的组织成员能动地认识当事人的处境和状况，以具体行动落实一些抽象的政治话语和伦理的表现。

基层的治安工作，不仅是技术和规范层面的，也具有政治和伦理的内涵。政治性话语通过实践过程的复制和传播，使得某种"文化政治"② 承载的生活方式、意义、关系和追求得以保持。这些政治实践比规范地进行控制和裁量的叙述更能成为日常生活所依赖的治国之道，容易被忽视的基层组织成员的行为维持着国家的运转，贯穿了日常治理，并支持了政党国家提出的意识形态主张。这些组织及其成员不应该只是国家的执行工具，而应该是不断争取的对象，不断组织和发动群众的场所，不断形成和调整主流意识形态的依托。

---

① 参见汪晖《去政治化的政治：短 20 世纪的终结与 90 年代》，生活·读书·新知三联书店，2008。

② "文化政治"的概念参见张旭东《文化政治与中国道路》，上海人民出版社，2021。

四 "治理"与"服务"的辩证：互动中的国家想象

在派出所接警和处警这样的互动场景中，"国家"这一"想象"是如何存在的？国家在很大程度上存在于社会成员的想象中，并且被想象的方式也正是其发挥影响力的方式。对"国家"的想象正是一种抽象索引，一种行动的预设。在这个意义上，考察"国家"的存在方式，或许关键不是看正式组织健全与否，而是看人们对于"国家"的想象如何在现实生活中呈现。韦伯社会学的核心问题是"秩序如何可能"，他认为基于畏惧后果的工具理性的动机而被遵守的秩序，不如出于习惯而被遵守的秩序稳定，而两者都不如"享有声望"或者具有"正当性"的秩序稳定。① 普通人对国家制度的遵守是建立在怎样的正当性之上？我们该如何理解意义生产的社会过程？即人们在面对生活中的纠纷与冲突时，不断在经验与实践中确认文化习惯里的正当与可接受性。

（一）国家的意义

大多数普通人对国家最直接的印象来自他们与地方政府和行政机关的关系。除了大众媒体的宣传外，国家的行为通过不同政府机构及其成员的公共实践来实现，认识这些实践可以使我们对行政组织与地方普通人之间的关系有大致的了解。

很多普通人的心目中仍然有一个至高无上的抽象国家形象，并且认为遵守国家的法律法规是应该的。派出所的民警之所以能够惩罚、训斥、教育他人，是基于他们国家机关工作人员的身份以及普通人的服从。在普通人眼中，派出所代表国家，是对自己

---

① 〔德〕马克斯·韦伯：《经济与社会》（第一卷），阎克文译，上海人民出版社，2019，第392页。

的问题该管也能管的地方。除了解决行政问题外，他们在这里还寻求建议帮助并表达自己的痛苦和不满。正如项飚所看到的，在老百姓那里"国家"依然是最受认同的范畴，"社会"则意味着不正规和不可信任："社会上的事情杂乱无章，上不得台面；社会上的人不正经，需要提防；把人推向社会意味着抛弃，是单位不负责任的做法。"① 民警与民众分享了对"社会"同样的认识，社会上的人没有归属和正经工作，游手好闲，容易制造麻烦。派出所的民警们经常形容酗酒闹事的人是无赖。国家和社会的观念体现了不同的政治理念和策略，国家不是建立在让渡权利的契约之上的抽象存在，而是认识和想象中的主持公道的保护者。比如有一天，某位妇女在门口犹豫半天要不要进来，询问有什么事后，她很犹豫地说："想咨询点事，不知道能不能来。"原来是她发现丈夫出轨，不知道该怎么办就来到了派出所。找警察的行为具有一种文化政治上的意义，它是确定国家权力主体和场所的过程。换句话说，社会成员对国家的信任和想象在"找警察"的行为中出现了。

当事人面对国家行政组织的过程中并不完全被动，他们有自己的行动策略，比如他们会引用政治话语对警察施加压力。某家有人离家出走，亲戚来报案要求警察调取失踪人的行动轨迹。当警察表示他们没有这个权限而拒绝受理时，报案人生气地说："人身安全没办法保障吗？有什么方案吗？意思是报警白报呢。"当事人希望能从国家那里获得其认为应得的帮助，而不考虑相关机构具体的层级和权限范围。"保护人身安全"的表达暗示了国家的具象代表——派出所有保护民众安全的义务，只有承担了这种责任才值得被敬畏。

道德的象征权力高度集中于组织。体制下的人在要求行政组织分配资源时，会选择借助官方主流的政治和道德话语，他们如

---

① 项飚：《普通人的"国家"理论》，《开放时代》2010 年第 10 期。

何回应警察，将影响他们得到的标签。廉租房的案子中，李某某报案时一直说"共产党的政策好我才有房子"，便是对政策的认同和感激。不过，不能简单地把这种表达和语言看作当事人的机会主义投机，因为这同样反映出整体的社会文化结构和预设，体现了实际的国家政教权力的运作机制。通过这种表达和语言，当事人成为值得帮助的人民的一分子，反过来强化了政教的真理话语和技术。国家的代表即派出所的警察帮助当事人要回廉租房，维持和支撑了"共产党的政策好我才有房子"的认知，又证实了国家政教话语的必要性与正当性。这种认同建立在日常生活的社会互动中，并非来自大规模的宣称，而是来自社会成员在日常生活中每一个时刻的确认。统治者和被统治者之间的同一性，便是从这里产生出来的。① 派出所的日常治理正是将诉求多元的群众不断转化为具有"同质性"内涵的人民，即遵纪守法的劳动者、团结和睦的家庭等等。②

（二）法律的作用

西方法律与资本主义法权有密切联系，某种程度上法律成为传播新自由主义合理性的手段。新自由主义的法律理性不仅确保了资本和结构性竞争的权利，还重塑了政治权利、公民身份和民主领域本身。③ 现代中国"法治"的兴起过程中，伴随权利话语等的司法将多元的群众诉求"去身份化"。④ 柯瑞佳认为："现有的法律化对政治追求形成了绝对性的限制，因为法律把社会关系

---

① 同质性的问题参见 Carl Schmitt, *The Crisis of Parliamentary Democracy*, translated by E. Kennedy, Cambridge, MA: MIT Press, 1988。
② 西方国家的司法实践也有这方面的意义，参见 Patricia Ewick and Susan S. Silbey, *The Common Place of Law: Stories from Everyday Life*, Chicago: University of Chicago Press, 1998。
③ 参见 Wendy Brown, *Neoliberalism's Stealth Revolution*, Zone Books, 2015。
④ 参见邵六益《我国司法理论中"人民"的多重意涵研究》，《法商研究》2021年第3期。

归为合同关系，还把社会和全球关系解释成国家监管的原理。法律不足以支持对文化、社会生活和政治之间的关系的想象性再思考。"① 现代"法律"代表了一种"节俭"的治理思维；② 现代化启蒙叙事中的法治意味着精英将法律作为一种制度提供给大众，造成立法者的精英与大众的冲突、傲慢的精英与基层百姓生活的脱离，产生了"秋菊的困惑"。③ 秋菊故事中的基层警察李公安身上反映了建立法治秩序过程中基层官员的伦理摇摆。④ 这些反思性的认识思考看到了基于抽象的商品交换原则之上的法律与人民主权政治的内在结构性矛盾，如果国家变成中立的机器，不但无法有效整合多样的社会群体的诉求，更会磨损实质的正当性来源与这个巨人的灵魂。

然而，社会主义的"法治"与社会主义的伦理秩序又构成了政法机制的一体两面。"依法"固然表示规范、程序带来的"合法律性"，⑤ 在日常实践中，"依法"也意味着执法主体体现着的纪律性，这种纪律性能够带来一定的权威和说服力。对任何组织而言，"具有专业训练的常任官员的纪律都是这一组织成功的绝对前提"⑥。如韦伯所说："在某个社会群体中通行的、对于一种秩序本身的效力之信仰，应被归属到'伦理'的领域还是归属到单纯的惯例或者单纯的法律规范领域，对于经验社会学的目的来说，

---

① 参见 Rebecca Karl，"The Flight to Rights: 1990s China and Beyond," *Telos* 151，(2010): 87 - 104。

② 参见强世功《惩罚与法治：当代法治的兴起（1976—1981）》，法律出版社，2009。

③ 参见陈颀《秋菊二十年——反思"法律与文学"》，《读书》2016 年 9 期。

④ 徐斌：《教化权、官员伦理与秩序变迁——以〈秋菊打官司〉中的李公安为分析对象》，载强世功主编《政治与法律评论》（第三辑），法律出版社，2013。

⑤ 参见赵晓力《关系/事件、行动策略和法律的叙事》，载王铭铭、王斯福主编《乡土社会的秩序、公正与权威》，中国政法大学出版社，1997，第 520 ~ 539 页。

⑥ 〔德〕马克斯·韦伯：《新政治秩序下的德国议会与政府》，载〔英〕彼得·拉斯曼、罗纳德·斯佩尔斯编《韦伯政治著作选》，阎克文译，东方出版社，2009，第 126 页。

都不可能泛泛而论，必须相对于该社会群体所认为的'伦理'价值观的概念进行论述。"① 如清教徒借助强大的非理性力量，推动具有自然人性的存在与自身遭遇的每一件事纳入伦理系统无微不至的纪律中一样。② 对于接受政党伦理浸润的组织成员而言，"依法"的纪律性同样可以来自人民主权的伦理价值观和为人民服务的"高级法"，为衡量他们的职业品质提供了一种话语标准，将这些日常工作中的行动与更为抽象的"公平公正"联系起来，将日常生活中普通人的伦理感受与政党国家机构无形的政法原则融合起来，将有助于产生自下而上的正当性。

五　总结与讨论

本文通过分析基层派出所日常工作中处理案件、解决问题的办法，呈现基层派出所作为国家中立性机器与其成员作为伦理道德的主体之间融合的一些微妙的方式。如果只是将基层的警务人员看作消除冲突的"无爱无恨"的机器，会忽视他们在维持社会秩序方面的作用，他们也是创建和维护国家结构的重要角色。本文关注国家基层机构日常工作中看似平凡的方面，试图探讨以派出所为代表的基层行政组织成员的实践方式，拓宽我们对生活意义世界的理解和对现代国家的认识。

首先，本文分析了以派出所民警为代表的基层行政组织成员对民众报案的处理，相对平淡环境中的日常实践和互动是国家政策运行的基础。与常识性的控制观念即组织机构遵循严格的命令链条执行规则相反，基层行政组织成员具有足够的回旋余地，对规范的酌

---

① 〔德〕马克斯·韦伯：《经济与社会》（第二卷），阎克文译，上海人民出版社，2019，第161页。

② 参见李猛《专家没有精神？——韦伯论官僚时代的科学与文明》，载李猛编《科学作为天职：韦伯与我们时代的命运》，生活·读书·新知三联书店，2018，第255～348页。

情解释不一定与官方政策规范相抵触，也可能有助于实现其目标。

其次，本文通过案例揭示了一线民警对于案件的认知是建立在某种因果联系之上的，对解决手段的选择会诉诸某些价值观和话语，是对接触的对象"理解"的层层叠加，会将组织内部和外部的各种利益、价值、观点和资源整合在一起。这些不是预先确定的，而是在与群众、同事和其他利益相关者一起工作的过程中出现的。

最后，真理形式、治理技术和策略构成了中国实现政治治理、进行权力正当性再生产的机制。我们所说的国家，与其说是存在于社会之外的固有实体，不如说是作为生活世界中权力实践的效应和结果，① 基层的互动以及组织日常行政的实践过程，构成了民众想象中具有结构性外貌的国家。要理解对国家变动不居的想象，就要进入普通人的生活世界去理解这些权力的实践过程、实践方式及其引发的效应。

中国的实践方式有自身的历史和现实基础，这要求我们从中国的具体经验来理解某些特殊性和普遍性。一线派出所治安实践中的纪律性和政治性来自政党传统的创造性活动，也来自西方现代性中的法治、程序正当等思想的碰撞，这可能触及社会主义现代性的核心问题。福柯提出，西方现代性中对治理的思考，从依照自然法与神法来治理，转向16、17世纪的"国家理由"阶段，随后转为"自由主义"的治理理性阶段。"自由主义"关注"我是否是在这个过多和过少的界限上治理，是否在事物的自然给我确定的这个最大和最小之间来治理"②。在福柯看来，历史上的社

---

① Timothy Mitchell, "Society, Economy, and the State Effect," in George Steinmetz ed, *State/Culture: The State-formation after the Cultural Turn*, Ithaca, NY: Cornell University Press, 1999, pp. 76 - 97.

② 参见〔法〕米歇尔·福柯《生命政治的诞生：法兰西学院演讲系列（1977—1978）》，莫伟民、赵伟译，上海人民出版社，2018，第26页；Colin Gordon, "Government Rationality: An Introduction," in Colin Gordon and Peter Miller ed., *The Foucault Effect: Studies in Govemmmtality*, University of Chicago Press, 1991, p. 3。

会主义缺乏内在、独立的治理术，它总是嫁接在其他治理术上，社会主义理论总局限在国家问题上，而没有重视治理术问题。①然而考察中国的具体实践，社会主义中国的治理有其内在的"政治理性"，这种政治理性的体现是一种"政教"机制，通过说服教育、政治文化等将意识形态和公共价值弥散到公众中，生产同质性的人民。主张权力对象行动的"自觉自愿"，并努力去计算和思考"自觉自愿"能够实现的外部条件。根据政策原则的总体目标，根据每个人的具体需求和能力，制定主动的措施，以便他们可以根据情况灵活地在规范与价值之间往返。

Between "Law Enforcement" and "Political Civilizing": Political Rationality in the Front-line Police Practice ——A Study of Police Stations' Daily Work

Chao Qun

Abstract: This article takes the daily work of police stations as an object, and analyses the political discourse and action strategies used by front-line administrative organizations and their members. By exploring how front-line police officers handle disputes to understand their "political rationality" in guiding actions and shaping subjects in governance. As neutral machines, the members of state organizations act rationally in enforcement of law, while they often making moral judgements and "political civilizing". The interaction between the members of the state apparatus and the people involves not only norms and decisions,

---

① 〔法〕米歇尔·福柯：《生命政治的诞生：法兰西学院演讲系列（1978—1979）》，莫伟民、赵伟译，上海人民出版社，2018，第75~86页。

but also speeches and behaviors, emotional expressions and ethical values. The process of police-citizen interaction reflects both the respective tactical techniques and the imagination of the state as Guardian and Justice.

Keywords: Grassroots Police; Police station; Front-line police practice

《法律和政治科学》（2021 年第 2 辑·总第 4 辑）
第 133~155 页
© SSAP，2021

约束与塑造：国家治理现代化中的"政治学习"[*]

王岩泽^{**}

【摘　要】"政治学习"的运转涉及双重结构的互动：隐性结构能够表达为党、干部、人民三者之间的关系，其中党群关系暗含着党的政治伦理，是党取得执政地位的依据，而干群关系则构成党群关系的直接反映，与之相对应的，各级党委内嵌于整个行政管理体制当中，官员的权力边界与公民权利的行使均依赖于法律的接受、承认和保护。党、官员和公民的范畴构成政制运作的显性结构，这一结构中的"党"对应于实体性的机构。党中央连接着党的象征层面和实体层面，掌握着解释和代表党的应然性象征内涵的权力，能够以党的伦理作为资源，对干部在实际层面的问题予以整顿和纠偏。在中国现代化的进程中，隐性结构对应的政治伦理和显性结构对

---

* 本文内容最初是在北京大学法学院强世功教授主持的一个小型读书会上的发言（2020 年 12 月），后又提交于在西南政法大学召开的"法治视野下的国家、政府与社会"学术研讨会（2021 年 7 月）。感谢强世功、章永乐、张聪等对本文的评论和建议。一如成例，文责自负。
** 王岩泽，北京大学法学院在读硕士研究生。

应的现代法治之间存在着紧张关系，双重结构的内在张力构
成了"政治学习"得以推进和演化的动力。但政治伦理需要
通过现代法治予以保障，现代法治的推进又需要以政治塑造
作为前提。这同时表明，我们所意图实现的现代化绝不仅仅
是现代法治的移植和技术治理的迭代，而是重新呼唤政治伦
理的回归，以此来面对现代性所提出的诸多挑战，在这个意
义上，社会主义共和国重新规定了现代化的正当性。

【关键词】 政治学习；"不忘初心、牢记使命"；党群关系；现
代化

一　问题的提出

党的十九届四中全会提出，要建立"不忘初心、牢记使命的
制度"，"坚持和完善党的领导制度体系，提高党科学执政、民主
执政、依法执政水平"。① 在经历了党的十八大以来的"党的群众
路线教育实践活动"、"三严三实"专题教育活动、"两学一做"
学习教育活动以及"不忘初心、牢记使命"主题教育活动等历次
在时间上前后相继、逻辑上贯穿始终的主题教育活动之后，党的
十九届四中全会终于将党的思想政治教育变成一项"制度"，并
将其贯彻于嗣后各级政府的日常活动中，成为政府进行公共管理
之外的常规化、常态化的行为。

事实上，执政党向来强调"学习"和"教育"，这一方面延
续了传统社会日常性的政治教化，另一方面又接续起党的革命传

---

① 《中共中央关于坚持和完善中国特色社会主义制度 推进国家治理体系和治理能
力现代化若干重大问题的决定》，中央人民政府网站，2019 年 11 月 5 日，ht-
tp：//www.gov.cn/zhengce/2019 - 11/05/content_5449023. htm。

统。在传统中国，礼教制度作为一项观念性制度，为超大国家的统一实践提供着思想上的资源；而礼教传统经由革命传统的改造，逐渐融入社会主义新中国造就革命新人的话语叙事。随着执政党体系的完善和控制力的强化，社会中的所有成员都围绕政治理想被强有力地组织和动员起来，思想教育、思想改造伴随着"学习"活动，成为人们日常生活的一项主题，"学习"作为一项制度，隐含在执政党建立政权的合法性叙事之中。

改革开放之后，体制内"学习"的基因很大程度上通过领导集体代际变革的方式得到传承。"政治学习"成为一项独特的、重要的机制，经由不断的叙说，完成了观念的自我再生产。

党的十八大以来，"学习"作为一项配套性措施，伴随着永葆执政党"先进性"和"纯洁性"的要求被不断压实。然而如果仅仅将"学习"和"教育"视作执政党内部进行组织建设的一种方式，显然淡化了真正的问题。如果说"初心"和"使命"都指向 20 世纪党成立的那个特殊语境，那么必须追问的是，在不同于 20 世纪的当下，"初心"和"使命"的含义究竟是什么？如果说党中央要将其作为推进"国家治理能力和治理体系现代化"的第一项制度举措，那么这项制度可能的治理意义究竟是什么？或者说，在迈向现代化的进程之中，对过去的叩访本身是否意味着它不仅与对当下政治主体的重塑和锻造相关，更与未来的指向相关？

上述追问实际上隐含了这样一个逻辑假设：制度的建立和存在必然是为了回应现实中所存在的问题。特别是如果将"不忘初心、牢记使命的制度"放在"推进国家治理体系和治理能力现代化"的框架之下，则至少应该表明，该项制度在中国的国家治理中能够起到独特的作用。这样说并不是为了追问制度产生的原因，而仅仅是为了指出这样一种可能性：将指向"初心"和"使命"的"学习"作为一条线索放在当代中国政治实践的背景下加以考察，也许能够帮助我们重新理解当代中国政治现代化演进的方向。

本文试图重新讨论和理解上述问题。需要说明的是，尽管使用了"不忘初心、牢记使命的制度"这样的表达，但这一制度实际上脱胎于"不忘初心、牢记使命"主题教育活动。而且这一主题教育活动虽然与党的十八大以来的其他教育活动各有侧重，但其在精神实质上并无大的差别。如果从中共中央党史和文献研究院与中央"不忘初心、牢记使命"主题教育领导小组办公室编发的《习近平关于"不忘初心、牢记使命"论述摘编》来看，此书大多数内容实际上恰恰是关于其他主题教育活动的总结讲话，因而实质上"不忘初心、牢记使命"是党的十九届四中全会定下来的一个总括性表达。就此而言，本文将党的十八大以来关于党员"理想信念"的历次主题教育活动统称为"政治学习"。这是因为：一方面，党的"教育"和党员的"学习"一体两面，视角的转换意味着我们能够更为方便地讨论"学习"的主体，也即"党员领导干部"；另一方面，这一概念的使用能够直接和政府内公务员所经常使用的"学习"的表述对应起来。

本文尝试做出一个不成熟的、总体性的讨论。本文认为，"政治学习"的运转涉及双重结构的互动：隐性结构能够表达为党（象征）、干部、人民三者之间的关系，而党（实体）、官员和公民的范畴则构成政制运作的显性结构。隐形结构中党处于核心的地位，党与人民的关系是党取得领导地位的理据，而干部与人民关系则是党与人民关系的现实反映和表达。因而党必须确保干部践行党的宗旨和理想，从群众路线的传统中克服和整顿官僚化的倾向，纠正现代化进程中的种种失范现象，对党群关系进行重新塑造。

二　党、干部与人民："政治学习"的隐性结构

"不忘初心、牢记使命"主题教育活动肇始于 2019 年 5 月 13

日。当日召开的中共中央政治局会议决定，自 6 月开始，在全党自上而下分两批开展"不忘初心、牢记使命"主题教育。"会议强调，开展这次主题教育，要坚持思想建党、理论强党，推动全党深入学习贯彻习近平新时代中国特色社会主义思想；要贯彻新时代党的建设总要求，同一切影响党的先进性、弱化党的纯洁性的问题作坚决斗争，努力把我们党建设得更加坚强有力；要坚持以人民为中心，把群众观点和群众路线深深植根于思想中、具体落实到行动上，不断巩固党执政的阶级基础和群众基础；要引导全党同志勇担职责使命，焕发干事创业的精气神，把党的十九大精神和党中央决策部署特别是全面建成小康社会各项任务落实到位。"① 如果从文本出发，我们或许能够发现，"政治学习"的内容主要涉及三方面的主体：党、干部与人民。其中，"思想建党、理论强党"和"党的建设"直接指向党，而"以人民为中心"彰显了人民的地位，"全党同志"作为党的干部，要勇担"职责使命"，"焕发干事创业的精气神"，完成党的各项任务部署，实践党的群众观点和群众路线，并实现党的一系列目标。

可以说，党、干部和人民三者之间的关系串联起"政治学习"的逻辑线索。如果我们将这个词组予以扩展，则应当表达为：党的干部要牢记党的初心和使命，党的初心和使命就是为中国人民谋幸福，为中华民族谋复兴；党要求党的干部保持同人民的血肉联系，而党的干部受到党的伦理的召唤，要在具体的工作中加以践行并努力实现，投入"为人民服务"的事业当中。这其中涉及三组关系，也即党与党的干部的关系、党与人民的关系，以及干部与人民的关系。在这三组关系中党处于核心的地位，而党与人民的关系则统率着另外两组关系。因而归根结底，"政治学习"

---

① 《习近平主持中共中央政治局会议 研究部署在全党开展"不忘初心、牢记使命"主题教育工作等》，中央人民政府网站，2019 年 5 月 13 日，http://www.gov.cn/xinwen/2019 – 05/13/content_5391199. htm。

的目标就是党与人民关系在实践中的重塑。

（一）执政基础与群众基础：党与人民

按照党的理论，中国共产党是"中国工人阶级的先锋队，同时是中国人民和中华民族的先锋队"。如《共产党宣言》所说："在实践方面，共产党人是各国工人政党中最坚决的、始终推动运动前进的部分；在理论方面，他们比其余的无产阶级群众优越的地方在于他们了解无产阶级运动的条件、进程和一般结果。"[①] 基于此，便有了列宁的"领袖、政党、阶级、群众"的理论。党不仅代表工人阶级，是无产阶级革命的领导核心，同时也是中国人民和中华民族的先锋队，代表最广大人民群众的根本利益。在这个意义上，党所意欲实现的革命并不仅仅意味着阶级革命，而更意味着民族革命。这一革命是历史性的，同时也是连续性的。革命的最终目标是实现共产主义，而共产主义不过是饱含着人民所能想象的全部美好生活的最高级形式。因而革命的指向实际是人民对于美好生活的欲求。

一方面，党是无产阶级的先锋队，需要唤醒和带领群众；另一方面，人民群众才是历史的主人。这意味着党来自群众；同时群众又需要党的正确领导，在党的领导下实现解放。毛泽东同志对此有过这样的论述："他们是人民的儿子，又是人民的教师，他们每时每刻地总是警戒着不要脱离群众，他们不论遇着何事，总是以群众的利益为考虑问题的出发点，因此他们就能获得广大人民群众的衷心拥护，这就是他们的事业必然获得胜利的根据。"[②] 党的执政地位来自"历史的选择、人民的选择"，人民的选择是一种事实状态，其底层逻辑是党的伦理。"党的领导作为党和人民

---

① 《马克思恩格斯全集》（第二十一卷），人民出版社，1965，第 17 页。
② 中共中央文献研究室编《毛泽东文集》（第三卷），人民出版社，2001，第 47 页。

之间的一种关系状态，是党代表人民的利益、密切联系群众、'全心全意为人民服务'而赢得人民信赖的必然结果，党权的崇高和党治的推行并不是靠强制和命令而是靠示范和献身精神取得的。"①

（二）先锋队的职责与新的伟大复兴：党与干部

在这个意义上，党需要不断带领人民"从胜利走向胜利"。而要完成这一事业，需要依靠的恰恰是党的干部。《中国共产党章程》第1条便有这样的定性：唯有"年满十八岁的中国工人、农民、军人、知识分子和其他社会阶层的先进分子"，才可申请入党。而第2条也规定："中国共产党党员是中国工人阶级的有共产主义觉悟的先锋战士。"其先进性的一个方面就是"不惜牺牲个人的一切，为实现共产主义奋斗终身"，"不得谋求任何私利和特权"。如果说党是由先进分子组成的，那么党的先进性则应当由先进分子的先进性加以保证；反过来，党必须时时确保党员的先进性，要求这些先进分子为党的事业而奋斗。而党的干部作为"党的事业的骨干""人民的公仆"，则首先应当听从党的目标的号召，服从党的纪律的要求。

（三）党群关系的现实表达：干部与人民

党的任务必须依靠党的干部来完成，党的事业也需要党的干部来推动，因而党的一项相当重要的工作就是保证党的干部符合党的要求。一方面，党的干部要服从党的伦理，不断贯彻党的群众路线，带领人民实现对于美好生活的期待；另一方面，党的干部要服从党的纪律，接受党的安排和任务，努力实现党的既定目标。

---

① 陈明明：《党治国家的理由、形态与限度——关于中国现代国家建设的一个讨论》，《复旦政治学评论 第七辑 共和国制度成长的政治基础》，上海人民出版社，2009，第233页。

不难发现，这两个方面都在干部与人民的关系层面上展开，干部的工作对象就是群众，而干部与群众的关系实质上是党与群众关系的现实反映。如果说党与人民之间的关系实质上构成党的执政基础，那么党的干部与人民的关系就是党与人民关系的表达。

三 "政治学习"的逻辑起点

（一）训诫干部的核心：党中央对政治伦理的代表和阐发

"初心"和"使命"意味着组织对组织成员的约束，而"初心"和"使命"又具有很强的时间意味："初心"意味着在时间线的此处眺望彼处；而"使命"则意味着在现代化的线性脉络中一代一代地接续投入，目标的实现早已超越了此代人肉身的存在和消亡。如果在时间线索中重新审视，那么首要的问题就是何以使得约束超越时间。作为组织体的原则，这一约束"并不是以单只服从属于暂时性的、过眼烟云的赤裸裸的动物生存那类事物为目的的一种合伙关系"①（柏克语），而是组织体承担历史责任的根据，是其得以存续的内在逻辑。换言之，"伟大而光荣的事业"不可能只靠一代人或几代人，它需要一代又一代人的前仆后继。因而"政治学习"的关键就是党对于干部的训诫，使时间的约束发挥效力，要时刻提醒干部牢记党的政治伦理，提防执政过程中的各项诱惑和危险，激励一代又一代组织成员接续奋斗。

不妨从"政治学习"的主体开始我们的讨论。"三严三实"专题教育所针对的对象就是县处级以上领导干部，而"不忘初心、牢记使命"主题教育也以县处级以上领导干部为重点，因而"政治学习"的主体就是领导干部。"领导干部"首先是党员，标记

---

① 〔英〕柏克：《法国革命论》，何兆武等译，商务印书馆，1998，第 129 页。

着党的烙印；其次其身处政府内部，作为行政管理体制内的一个
"螺丝钉"和一个环节，参与庞大国家的政治运作过程。正是
"领导干部"本身所具有的双重身份，使得执政党需要不断地整
顿吏治，防范自身的官僚化："尤其是一些党员干部中发生的贪污
腐败、脱离群众、形式主义、官僚主义等问题，必须下大力气解
决。全党必须警醒起来。打铁还需自身硬。"① "全党必须认识到，
如果管党不力、治党不严，人民群众反映强烈的突出矛盾和问题
得不到及时解决，我们党执政的基础就会动摇和瓦解；同样，如
果我们让已经初步解决的问题反弹回潮、故态复发，那就会失信
于民，我们党就会面临更大的危险。"② 党并不是外在于行政管理
体制而整顿官员，正是因为党员本身就是行政管理体制的一部分，
党才会有"自我革命"的问题。这就意味着我们不能将党与官员
当作两个独立的实体，将"政治学习"简单看作党对于官员的纠
偏。其一，党的各项机构内嵌于整个行政管理体制当中，必然需
要服从于科层制的逻辑；其二，所有的党的干部都在行政管理体
制内任职，并不因其在党的系统内还是在政府的系统内产生差别。
在这个意义上，与其说"政治学习"是党政关系中党的方面在统
摄政的方面，不如说是党的应然方面在纠偏政治运作的实然方面。
正是实然运作中的偏差和背离成为"政治学习"力图克服的对象。

如果仔细考察"政治学习"的文本，就不难发现"我们党"
的指称主要是意识形态性的、宣教性的、象征性的，而并不指向
某个单一的实体。无论是追溯党的历史，回顾革命的叙事，还是
直接提及党的伦理和宗旨，都必须将其作为象征来理解。典型如
在动用党纪惩处干部时，往往称干部"党性丧失""缺失党的理
想信念"。而恰恰是党中央完全掌握着解释和代表党的应然性象征

---

① 习近平：《习近平谈治国理政》（第一卷），外文出版社，2018，第4页。
② 中共中央党史和文献研究院编《十八大以来重要文献选编》（下），中央文献
出版社，2018，第454页。

内涵的权力，能够以党的伦理作为资源，发动对于党的干部的整顿和纠偏。换句话说，党中央能够被看作党的伦理的实际代表。①党的象征在当下的历史时期就是由党中央表达和阐发的，而这种表达和阐发能够进一步强化党中央的权威，并以此来规训官员，这里的连接机制就是"政治学习"。

党中央就是现实中的党的政治伦理的继承者和传承者，也是党的应然性、象征性资源的阐发者、代表者。"政治学习"在国家治理的层面上得以发挥其功能：其一，"政治学习"试图强化官员队伍对党中央的政治忠诚；其二，该种强化在横向上直接导致各级党的实体地位的强化；其三，在纵向上，这种强化经由"维护党中央集中统一领导"维持了一统体制，重塑了央地关系，进而产生了深远的影响。

（二）"喊看齐"与央地关系的变动

"毛主席在党的七大预备会议上讲过一段名言：'要知道，一个队伍经常是不大整齐的，所以就要常常喊看齐，向左看齐，向右看齐，向中看齐。我们要向中央基准看齐，向大会基准看齐。看齐是原则，有偏差是实际生活，有了偏差，就喊看齐'……经常喊看齐是我们党加强自身建设的规律和经验。只有经常喊看齐，只有各级党组织都经常喊看齐，才能时刻警醒、及时纠偏，使全党始终保持整齐昂扬的奋进状态。"② 从这个意义上理解，"政治学习"就是一个"喊看齐"的过程，正是因为"看齐是原则，有

---

① 这一看法也得到了现实中的印证，典型的例证即 2020 年 12 月召开的中央经济工作会议指出："党中央权威是危难时刻全党全国各族人民迎难而上的根本依靠，在重大历史关头，重大考验面前，党中央的判断力、决策力、行动力具有决定性作用。"这里的提法即是"党中央"，而非"党"。参见《中央经济工作会议举行 习近平李克强作重要讲话》，中央人民政府网站，2020 年 12 月 18 日，http://www.gov.cn/xinwen/2020-12/18/content_5571002.htm。

② 习近平：《在全国党校工作会议上的讲话（2015 年 12 月 11 日）》，人民出版社，2016，第 9~10 页。

偏差是实际生活"，所以"喊看齐"才显得如此重要。"政治伦理"的约束就经由"喊看齐"来加以贯彻，与中央基准看齐，就是修正偏差。

在"喊看齐"的过程中，党的实体在政治结构中的地位得到进一步的强化，一方面，各级党组织服从和忠诚于党中央的集中统一领导；另一方面，这种服从和忠诚直接强化了各级党组织在其所在系统内的作用。换言之，在党政关系的层面上，各级党委直接肩负着落实党中央决策部署的政治责任。无论"条条"还是"块块"，各级党组织都是本部门内的决策核心，而且各级党组织都要落实来自党中央的决策部署。"中央委员会，中央政治局，中央政治局常委会，这是党的领导决策核心。党中央作出的决策部署，党的组织、宣传、统战、政法等部门要贯彻落实，人大、政府、政协、法院、检察院的党组织要贯彻落实，事业单位、人民团体等的党组织也要贯彻落实，党组织要发挥作用。各方面党组织应该对党委负责、向党委报告工作。"①

就方向而言，"政治学习"是自上而下的。"我们这么大一个党、一个国家，没有集中统一，没有党中央的坚强领导，没有强有力的中央权威，是不行的、不可想象的。同志们都表示要自觉维护党中央权威，共同使中央政治局、中央政治局常委会成为一个团结一心、步调一致、一起实干的领导集体。同党中央保持高度一致，是我们党的一贯要求。"② 就中央对地方的统领和管控而言，"政治学习"直接渗入央地关系的范畴，所谓"中央"的权威实际上就等同于党中央的权威。"地方和部门的同志一定要认识

---

① 中共中央文献研究室编《十八大以来重要文献选编》（上），中央文献出版社，2014，第772页。

② 习近平：《在中央政治局"三严三实"专题民主生活会上的讲话》（2015年12月28日、29日），转引自中共中央党史和文献研究院、中央"不忘初心、牢记使命"主题教育领导小组办公室编《习近平关于"不忘初心、牢记使命"论述摘编》，党建读物出版社、中央文献出版社，2019，第102页。

到地方和部门的权威都来自于党中央权威，地方和部门的工作都是对党中央决策部署的具体落实，在地方和部门工作的同志都是党派去工作的，不是独立存在的，也不是孤立存在的，没有天马行空、为所欲为的权力。"①

四　官员的整顿和教育：党群关系的重塑

对于官员的整顿和教育是学习活动力图达到的一个重要目标。执政党提防自身"官僚化"的倾向，用"四大风险""四大挑战"一再提醒和警示全党："党的先进性和党的执政地位都不是一劳永逸、一成不变的，过去先进不等于现在先进，现在先进不等于永远先进；过去拥有不等于现在拥有，现在拥有不等于永远拥有……保持党的先进性和纯洁性、巩固党的执政基础和执政地位靠什么？最重要的就是靠坚持党的群众路线、密切联系群众。"② "政治学习"通过官员的"学习"与"看齐"，进一步强化了党对人民负责的伦理要求。

（一）行政管理体制的强化与干部伦理的远离

我们在这一部分的讨论将始于这样的观察：即"干部"的话语与"公务员""官员"的话语指涉逐渐出现了区隔。如果以"公务员"和"官员"作为关键词在"人民日报"数据库中进行搜索，我们可以发现这二者的使用频率始终处在一个上升的趋势中（见图1）。

相对于"干部"而言，"公务员""官员"更加接近于价值无涉的"中立概念"。而在党的话语体系下出现的又恰恰是"干

---

① 习近平：《论坚持全面深化改革》，中央文献出版社，2018，第324页。
② 习近平：《习近平谈治国理政》（第一卷），外文出版社，2018，第367~368页。

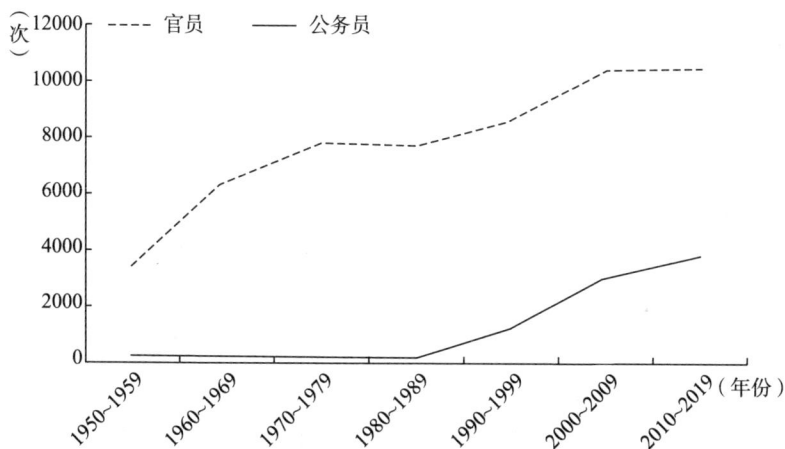

图1 1950～2019年《人民日报》中"官员""公务员"词频统计
资料来源：人民日报图文数据库（1946—2021），http：//data. people. com. cn/rmrb/20210724/1；jsessionid=8FC131F04FE132C83D15DE53E5CC00C 9？code=2。

部"，而不是"公务员"或者"官员"。语词的使用及其变迁至少能够反映出某种价值取舍。在某种程度上，"公务员"和"官员"的背后是现代理性法制的塑造，其指向的是韦伯意义上的科层官僚制。在韦伯的意义上，官僚制是有着正式的科层等级和规章制度的组织形式，其成员受到专业训练，在组织中有着职业生涯。[①]这一方面意味着，官僚制是即事主义的，服从于非人性的规则，其运作有着自身的逻辑，由此带来的是循规行为和文牍主义，从而导向官僚制本身的惰性；另一方面则意味着，当官僚体制走向自身创设的"铁牢"，成为一台自我驱动的机器，所带来的只能是对价值与意义的摒弃。

现代的官僚制和现代的法制是统一的，正是中立理性的官僚制执行形式理性的法律，也正是法律统治着政府组织的行为。因

---

① 参见〔德〕韦伯《韦伯作品集Ⅲ：支配社会学》，康乐、简惠美译，广西师范大学出版社，2004，第58页。

而"公务员"的塑造恰恰是我们在迈向现代化进程中有意为之，是我们力图实现现代法治的必然结果。① 但当我们用"民主""法治""科学"的话语实现了对"官员"的理性化塑造时，一个后果就是"干部"的逻辑开始远离了。②

如果说官员服从于现代性，受到现代法治的规训，强调凡事讲程序，强调自我维护和尽力免责，那么党的伦理则恰恰要求党的干部必须担当起政治责任，"政治学习"反映出党的伦理对官僚体制弊病进行克服和纠正的努力，这两者之间构成紧张关系。例如，习近平同志在一次讲话中指出："有的工作拖沓敷衍，遇事推诿扯皮、回避矛盾和问题，一点点小事都要层层上报请示，看似讲规矩，实则不担当。"③ "有的对待上级部署囫囵吞枣、断章取义，执行上级决定照本宣科、等因奉此，或者照猫画虎、生搬硬套，以前怎么做就怎么做，别人怎么做就怎么做，完全不顾本地本部门实际情况。"④ 拖沓敷衍、推诿扯皮、上报请示可能只是官员依规办事、层层运转的一个侧面，但在党中央看来，其"不担当"的实质已经构成对于党的政治伦理的违反。

与之相关的另一个问题是，现代化进程既因行政管理体制的实践而被推动，又反过来造就了官员权力的膨胀，产生了种种失范现象。已有的文献已经对中国自改革开放以来的政治实践进行了丰富的描述和解释，特别是在回应为何中国在短短的时间内在现代化进程中取得了突出的成绩时，行政管理体制在其中发挥的作用就成为一个重要的方面。官员们直接参与市场运作，进行招

---

① 参见苏力《二十世纪中国的现代化和法治》，《法学研究》1998 年第 1 期。
② 参见冯象《新秋菊》，载苏力主编《法律和社会科学》（2016 年第二辑），法律出版社，2017。
③ 习近平：《在第十九届中央纪律检查委员会第三次全体会议上的讲话（节选）》（2019 年 1 月 11 日），转引自中共中央党史和文献研究院、中央"不忘初心、牢记使命"主题教育领导小组办公室编《习近平关于"不忘初心、牢记使命"论述摘编》，党建读物出版社、中央文献出版社，2019，第 197 页。
④ 习近平：《习近平谈治国理政》（第一卷），外文出版社，2018，第 369 页。

商引资，在"官场＋市场"的框架下，积极追求属地的政绩，[1] 并展开同向竞争，[2] 利用"项目制"进行国家治理，[3] 行政管理体制在这一过程中得到了突出强化，治理效率等同于经营效率，量化管理"使行政科层化在工具意义上背离了以人为本的治理理念"。[4] 与此相对应的是寻租、腐败以及社会不公问题。正是在这个意义上，"政治学习"对这两种趋势给予了回应，通过重提干部的伦理内涵，要对"思想堕落、物欲膨胀，灯红酒绿，纸醉金迷"[5] 的思想根源进行整治。"事实表明，经济发展了，人民生活水平提高了，不等于党同人民的联系就更加密切了、必然密切了，有时候反而是疏远了。我说的是不是事实？我们都有经历，我们都是过来人。现在，脱离群众的现象在某些方面比十年前、二十年前、三十年前更突出了。问题出在哪儿？不能不引起我们深思！我看主要是一些党员、干部宗旨意识淡薄了，对群众的感情变化了，作风问题突出了……但存在的问题也不谓不严重，必须下大气力加以解决。如果真的到了那一天，就会危及党的执政基础和执政地位。"[6]

（二）"把对上负责与对下负责统一起来"

党的伦理要求的是保持与人民群众的血肉联系，党的执政归根结底依靠的是群众的认同和发自内心的服从。[7] 要维持和强化人

---

[1] 参见周黎安《行政发包制》，《社会》2014 年第 6 期。

[2] 参见周黎安《中国地方官员的晋升锦标赛模式研究》，《经济研究》2007 年第 7 期。

[3] 参见渠敬东《项目制：一种新的国家治理体制》，《中国社会科学》2012 年第 5 期。

[4] 渠敬东等：《从总体支配到技术治理——基于中国 30 年改革经验的社会学分析》，《中国社会科学》2009 年第 6 期。

[5] 习近平：《在河北调研指导党的群众路线教育实践活动时的讲话》（2013 年 7 月 11 日、12 日），转引自中共中央党史和文献研究院、中央"不忘初心、牢记使命"主题教育领导小组办公室编《习近平关于"不忘初心、牢记使命"论述摘编》，党建读物出版社、中央文献出版社，2019，第 189 页。

[6] 习近平：《做焦裕禄式的县委书记》，中央文献出版社，2015，第 35 页。

[7] 参见冯仕政《法治、政治与中国现代化》，《学海》2011 年第 4 期。

民的认同，必须持续性地回馈群众、带领群众、服务群众，从而不断赢得群众。"我们讲宗旨，讲了很多话，说到底还是为人民服务这句话。为人民服务是共产党人的天职。我们要坚持党的群众路线，与人民心心相印、与人民同甘共苦、与人民团结奋斗，不断赢得群众信任和拥护、保持同人民群众的血肉联系。"① 正是"人心所向"构筑了党的执政基础，这种建构是自下而上的。

但行政管理体制的逻辑却是自上而下的，对上负责的。② 只有不断提升自己辖区、部门内的治理绩效，官员才可能获得上级的认可，以获取升迁的资格。这同样成为需警惕的一个方面："有的习惯于以会议落实会议、以文件落实文件，热衷于造声势、出风头，把安排领导出场讲话、组织发新闻、上电视作为头等大事，最后工作却不了了之。有的抓工作不讲实效，不下功夫解决存在的矛盾和问题，难以给领导留下印象的事不做，形不成多大影响的事不做，工作汇报或年终总结看上去不漂亮的事不做，仪式一场接着一场，总结一份接着一份，评奖一个接着一个，最后都是'客里空'。"③ 而"检验我们一切工作的成效，最终都要看人民是否真正得到了实惠，人民生活是否真正得到了改善，这是坚持立党为公、执政为民的本质要求，是党和人民事业不断发展的重要保证"④。

因而，官员回馈民众的要求是通过与党中央"看齐"并"保持高度一致"，实践"党的群众路线"的"政治学习"来加以贯

---

① 习近平：《在第十八届中央纪律检查委员会第二次全体会议上的讲话》（2013年1月22日），转引自中共中央党史和文献研究院、中央"不忘初心、牢记使命"主题教育领导小组办公室编《习近平关于"不忘初心、牢记使命"论述摘编》，党建读物出版社、中央文献出版社，2019，第127页。

② 参见周雪光《国家治理逻辑与中国官僚体制：一个韦伯理论视角》，《开放时代》2013年第3期。

③ 习近平：《习近平谈治国理政》（第一卷），外文出版社，2018，第368～369页。

④ 习近平：《全面贯彻落实党的十八大精神要突出抓好六个方面工作》，《求是》2013年第1期。

彻，并通过党的约束加以落实。换句话说，"基层政府最关键的诉求是增加自己任内的治理绩效，完成上级政府的各项指标任务和'行政发包'。其与民众保持血肉联系的要求（'唯下'）是在诉诸同中央'看齐'（'唯上'）的过程中实现的"①。在这个意义上，"政治学习"提供了转换机制，将"对上负责"最终转化为"对下负责"，最终将"对上负责与对下负责统一起来"，从而成为重新界定官员和民众之间关系的制度设施。

因而如果说官员体制要服从的是法理权威和正式程序的话，那么党的伦理则内在于法，是以最终管控和最高约束的面目出现的。对于官员而言，最为重要和关键的并非凡事是否在程序上符合规章程序（即便这也相当重要）而是官员需要不断回应、内省和实践党的伦理，而党的伦理恰恰是社会主义共和国的根基，是实证法的底层逻辑。

五　平衡与调试：政治伦理与现代法治的协同

如果说党、干部和人民的关系构成"政治学习"的"应然方面"，那么就有一条相对应的、实然的关系结构，两者分属信念中的和现实中的、话语中的和运作中的、隐性的和显性的。

如图 2 所示，党的象征的方面统摄干部和人民的范畴，党没有自己的利益，只代表最广大人民群众的根本利益，党性与人民性是统一的，而党的干部直接来自人民，并依靠人民，作为人民的先锋，需要在党的旗帜之下不断回馈和解放人民。党中央就是现实中党的象征方面的代表。与之相对应的，各级党委作为各级政府体制决策的核心，直接参与中国政治现实的运作，内嵌于整个行政管理体制当中。在这一线索中，党的干部以国家官员的面

---

① 季乃礼、王岩泽：《基层政府中的"留痕形式主义"行为：一个解释框架》，《吉首大学学报》（社会科学版）2020 年第 4 期。

目出现，受到行政管理体制运转逻辑的支配。在官员与公民的关系上，均由国家的各项法律加以明确和规定，官员的权力边界与公民权利的行使均依赖于法律的接受、承认和保护。

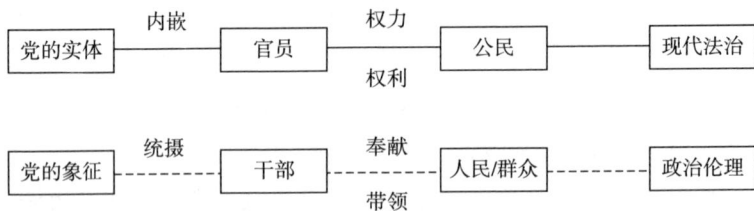

图 2　国家治理现代化进程中的两条线索

资料来源：笔者自制。

这两种结构之间的冲突和张力造成了中国国家治理当中的紧张关系。其中隐含的冲突在于：各项成文化的制度努力将官员打造成只服从文牍的国家机器，但党的政治伦理则要求国家的官员不仅要服从宪法和法律对于其从事"公职"的约束，更要自觉地服从党章的规定，肩负起党的伦理，主动站在"红旗下"，秉持党"全心全意为人民服务"的宗旨，努力承担起先锋队的责任，在"共产主义"的最高理想和"中华民族伟大复兴"的奋斗目标中，重新唤起自己的政治责任，回应、实践和完成党对于人民的政治承诺，而这恰恰要求力图冲破所有规则、制度的条条框框。党既要依赖官员实现治理，又要力图改造和驯化官员。①

上述两种结构的隐没和浮现串联起共和国迈向现代治理过程中的演变和发展。"政治学习"在某种程度上勾连起这两种结构，正如马的缰绳对马的牵引和把控一样，实现隐性结构对显性结构的把握和纠偏，然而这种纠偏和调试却因二者之间的固有张力而很难达到平衡。

第一，就党中央权威的强化而言，中央与地方的关系被置换

---

① 参见周雪光《权威体制与有效治理：当代中国国家治理的制度逻辑》，《开放时代》2011 年第 10 期。

为各地方和各部门服从党中央权威的关系。然而问题的关键可能并不是集权或是分权，而是中国因其地域广大与各地区情况复杂所固有的硬性约束。在党中央看来，"在指导思想和路线方针政策以及关系全局的重大原则问题上，全党必须在思想上政治上行动上同党中央保持高度一致。各级党组织和领导干部要牢固树立大局观念和全局意识，正确处理保证中央政令畅通和立足实际创造性开展工作的关系，任何具有地方特点的工作部署都必须以贯彻中央精神为前提"①。党中央力图将其政策在地方不折不扣地执行下去，但问题是，中国由于其疆域的辽阔和各地区的差别，中央的政策只可能是指导性的、原则性的。基层政府受制于其各项约束条件，在推行和实践中央统一部署时会遭遇各种困难，因而当两者相遇后，后果就表现为大量的非正式制度的存在和变通性执行。典型的如近年来的"痕迹主义""形式主义"问题，在党中央的认识中，其中最根本的解决思路就是要"以党的政治建设为统领加强思想教育，着力解决党性不纯、政绩观错位的问题"，但问题的关键可能在于激励机制的诱发与受限于交易成本导致的约束无效。②

第二，党群关系的重建与现代法治的建设还会面临相当的冲突。如果说重提"政治伦理"的目标在于修复党群关系，纠正种种失范现象，那么现代法治的建立则需要权利义务边界的明晰。现实中存在的一些问题例如"按闹分配"等恰恰印证着某些情况下法治的无能为力，更遑论现实中许多化解矛盾纠纷的操作，细究下来甚至有可能是违反实定法规定的。转型期间种种问题的申诉无门与处理上的违背规定并非全是历史遗留的"无可奈何"，

① 中共中央文献研究室编《十八大以来重要文献选编》（上），中央文献出版社，2014，第132页。
② 参见季乃礼、王岩泽《基层政府中的"留痕形式主义"行为：一个解释框架》，《吉首大学学报》（社会科学版）2020年第4期。

而是源于前述两种结构之间的内在张力。①

第三，必须警惕的是，党的政治伦理成为空洞的话语，在自我反复中反而走向官员权力的膨胀。其风险在于，隐性结构非但没有对行政管理体制起到应有的纠偏和约束作用，反而成为行政管理体制自我规定其权力行使的正当性。在这种情况下，行政管理体制与民众之间可能发生的紧张关系将由党的实体直接面对，这种紧张关系可能会弱化民众对党的伦理的认同。

六　余论：迈向社会主义共和国的现代化

于是我们能够看到一条充满张力的特殊的现代化之路。在面向现代化的进程中，我们不仅需要处理政治伦理与现代法治的内在矛盾，还需要彼此调和与互相填补，理顺两者的关系。在"政治学习"中，政治伦理必须实现从表达到实践的转换。在新冠肺炎疫情防控常态化时期，"让党旗在防控疫情斗争第一线高高飘扬"，恰恰就是要求党员干部发挥"先锋队"的模范作用，同群众保持血肉联系。只要政治伦理进行召唤，那么在必要的时候，每个人会为了所有人牺牲所有，这便是共和国的要义。在生死关头，25000多名优秀分子在火线上宣誓入党，恰恰体现出政治伦理不仅仅是口号，还是一种巨大的动员能量，指向了共同体成员所能够实践的、对于共同体的使命与担当。

因而可以说，"政治学习"实则是政治伦理渗入现代法治的一种直接表达，意味着现代法治国家对政治伦理的重新呼唤。官员不能仅仅成为科层制之下的"螺丝钉"，还必须担负起伦理责任，现代化的演进必须回到社会主义共和国的规定之下。我们所

---

① 关于科层政治与群众路线的论述，参见凌斌《法治道路、政党政治与群众路线——一个回应》，载强世功主编《政治与法律评论》（第五辑），法律出版社，2015。

意图实现的现代化，绝不仅仅意味着现代法治的移植和技术治理的迭代，而是重新呼唤政治伦理的回归，以此来面对现代性对其所提出的诸多挑战。这就必然要求我们统合起"现代法治"和"政治伦理"。就此而言，"群众"或者"人民"的指称就绝不是暂时性地连接"臣民"与"公民"的过渡形态，① 而是自身暗含着内在的规定性：与之对应的干部不能仅仅因符合法的约束而免责，不能因行政管理体制的"条条框框"而摆脱党的伦理的约束，而是必须承担起责任和使命，践行党的理想与意志，时刻同人民站在一起。

当我们重新审视为什么"不忘初心、牢记使命的制度"是推进国家治理现代化的重要具体制度时，我们就会发现，中国的现代化进程并不仅仅是由法治的现代化加以推进的，其中暗含着更为基本的逻辑取向，那就是党的政治伦理。换言之，这个"法"不仅仅意味着实定法的规则化、正规化和制度化，更蕴含着使命和价值的驱使，蕴含着党取得执政地位的"内在德性"。在这个意义上，"依法治国"和"以德治国"相结合就意味着，作为规则的"实定法"是治理国家的"依据"，具有某种工具性，其根本上是要为实现国家"伟大复兴"的目标而服务；而党的伦理则暗含着"自然法"的意涵，党自身乃至所有国家机关的运作必须受到党的政治伦理的约束。这同时意味着，一方面，我们需要不断完善现代法治国的构建，党的实体连同行政管理体制，其权力行使都必须服从于法治之下，公民的权利必须得到法的保障；② 另一方面，我们所意欲实现的现代法治并不是资权体系在全球范围内的又一次拓展，而是将政治伦理作为最高的理想和最后的约束，用"先锋队"的精神和使命驱使干部投身于"中华民族伟大复兴"的事业，用奉

---

① 参见丛日云《当代中国政治语境中的"群众"概念分析》，《政法论坛》（中国政法大学学报）2005 年第 2 期。
② 同时执政党还需要在遵守法律上率先垂范，参见强世功《从行政法治国到政党法治国——党法和国法关系的法理学思考》，《中国法律评论》2016 年第 3 期。

献和责任唤醒私利计算的"理性经济人"。① "政治学习"恰恰在这个意义上勾连起"现代法治"和"政治伦理"这两条线索，其之所以能够成为一项"制度"，并被安排在"实现治理能力和治理体系现代化"第一条制度之下，就是因为我们宣示所力图实现的并非什么别的现代化，而是社会主义共和国的现代化。如果我们试图建立现代化的"秩序"，首要任务恰恰是凝聚人心。

因而从更大的维度上说，现代化也不仅仅意味着"前进"和"告别"，不仅仅指向非现代的"此岸"向现代的"彼岸"的过渡。某种程度上，"政治学习"指向的恰恰是传统与过去，并在这个意义上为现代化提供了一套新的方案。这意味着，在迈向现代化的进程中，我们以往的实践所构筑的包括革命传统在内的政治传统，不是非理性的、需要革除和抛弃的，与之相反，过去的资源能够回应现代的问题，换言之，我们为何走到今天暗含着对于我们将要抵达的明天的规定。社会主义共和国重新界定了"现代化"的正当性，这也正是我们力图迈向和构建的未来。

Restraint and Shaping: Political Learning in the
Modernization of National Governance

Wang Yanze

Abstract: The operation of "political learning" involves the interaction of dual structure: the implicit structure can be expressed as the relationship among the party, cadres and the people. The relationship between the party and the masses implies the party's political ethics and is

---

① 参见冯象《新秋菊》，载苏力主编《法律和社会科学》（2016 年第二辑），法律出版社，2017。

the basis for the party to obtain the ruling position, while the relationship between the cadres and the masses constitutes a direct reflection of the relationship between the party and the masses. The "party" in this structure is mainly missionary and symbolic; Correspondingly, party committees at all levels are embedded in the whole bureaucratic system. Party cadres appear as state officials and are dominated by bureaucratic logic. The power boundary of officials and the exercise of civil rights depend on the acceptance, recognition and protection of law. The categories of party, officials and citizens constitute the dominant structure of political operation, the "party" in this structure corresponds to an entity. The Party Central Committee connects the symbolic and substantive levels of the party, holds the power to explain and represent the symbolic connotation of the party's necessity, and can use the party's ethics as a resource to launch the rectification and correction of cadres at the practical level. In the process of China's modernization, there is a tension between the political ethics corresponding to the implicit structure and the modern rule of law corresponding to the explicit structure. The internal tension of the dual structure constitutes the driving force for the promotion and evolution of "political learning". However, political ethics needs to be guaranteed by modern rule of law, and the promotion of modern rule of law needs to be based on political shaping. At the same time, it shows that the modernization we intend to achieve is not only the transplantation of modern rule of law and the iteration of technical governance, but also a new call for the return of political ethics to face many challenges posed by modernity. In this sense, the socialist republic has re stipulated the legitimacy of modernization.

Keywords: Political learning; "Never forget the original intention and remember the mission"; Party masses relations; Modernization

2021年第2辑 · 总第4辑

法律和政治科学
LAW AND POLITICAL SCIENCE

Vol.4, 2021 No.2

思　想

《法律和政治科学》（2021 年第 2 辑·总第 4 辑）
第 159~180 页
© SSAP, 2021

五百年来意大利关于马基雅维利《君主论》的研究

〔意〕乔瓦尼·乔吉尼[*]著　李锐思^{**}译

【摘　要】马基雅维利的《君主论》在 1532 年出版之前，以手稿形式在意大利广泛流传。从一开始人们就对它反响不一：一些读者认为它坦率地、间或讽刺地描述了坏统治者使用的罪恶手段，以造福人民；其他人读出了对僭主的邪恶劝告，以帮助他们维持权力。从古至今意大利人对《君主论》的看法揭示出了这本书的多面性：耶稣会成员看到了不敬神和不道德的马基雅维利；启蒙运动和浪漫派读者看到了揭露僭主罪恶行径的人民的共和主义捍卫者；意大利复兴运动期间，读者强调其为意大利的自由而战的公民和爱国者身份；法西斯

---

*　乔瓦尼·乔吉尼（Giovanni Giorgini），博洛尼亚大学政治和社会科学系政治哲学教授，专业领域为古希腊哲学及其在当代政治理论中的复兴。本文译自 Giovanni Giorgini, " Five Hundred Years of Italian Scholarship on Machiavelli's *Prince*," in *The Review of Politics* (Cambridge：Cambridge University Press, 2013), pp. 625 – 640。
**　李锐思，西南政法大学立法科学研究院助理研究员。

主义时期，读者则将其视作民族主义作者——认识到人民主权的局限性和武力的必要性。此外，在过去五百年的意大利历史中，还有更多对马基雅维利和《君主论》的不同解读。

在一封著名的写于 1513 年 12 月 10 日的信中，马基雅维利告诉他的朋友弗朗西斯科·韦托里（Francesco Vettori），他花费约六个月的时间写成一本小册子《论君主之职位》（*De principatibus*）。[①] 随后，《君主论》（*Prince*）在 1532 年出版之前就以手稿形式广为流传——出版前已有 7 个版本的手抄本。[②] 1559 年教皇保罗四世（Pope Paul Ⅳ）颁布"禁书目录"（Index Librorum Prohibitorum），把《君主论》和马基雅维利的其他作品列入其中，说明其传播之广、反响之大、名声之恶劣。[③] 在这之前，"有接近 15 个版本的《君主论》、19 个版本的《论李维》和各自的法语译本在流传"；[④] 第一

---

① N. Machiavelli, *Letter to Francesco Vettori of December 10*, 1513 in N. Machiavelli, Lettere（Torino：Utet, 1984）；*Machiavelli and His Friends：Their Personal Correspondence*, ed. J. B. Atkinson and D. Sices（De Kalb：Northern Illinois University Press, 2004），关于这封信与韦托里的回信，详见 J. Najemy, *Between Friends*（Princeton：Princeton University Press, 1993）。

② 其中三本由马基雅维利的朋友 Biagio Buonaccorsi 所写，他敦促看过作品的读者为这部作品辩护，反对那些纯粹出于"恶意或嫉妒"而批评它的人，参见 V. Kahn, "Machiavelli's Afterlife and Reputation to the Eighteenth Century," in *The Cambridge Companion to Machiavelli*, ed. J. M. Najemy（Cambridge：Cambridge University Press, 2010）。另参见 B. Richardson, "The Prince and Its Early Italian Readers," in *Niccolò Machiavelli's "The Prince"：New Interdisciplinary Essays*, ed. M. Coyle（Manchester：Manchester University Press, 1985）, pp. 18 – 39；F. Gaeta, "Appunti sulla fortuna del pensiero politico di Machiavelli in Italia," in *Il pensiero politico di Machiavelli e la sua fortuna nel mondo*（Florence：Istituto Nazionale di Studi sul Rinascimento, 1972）, pp. 21 – 36。

③ 参见 L. Firpo, "Le origini dell'antimachiavellismo," *Il Pensiero Politico* 2（1969）：337 – 367。

④ R. Bireley, *The Counter-Reformation Prince：Anti-Machiavellianism or Catholic Statecraft in Early Modern Europe*（Chapel Hill：University of North Carolina Press, 1990）, p. 14, 这是一部信息量很大的作品，虽然笔者很不同意该作者对马基雅维利的看法。

个拉丁文译本出现在 1560 年，由翁布里亚的宗教改革流亡者西尔维斯特·塔各里（Silvestro Tegli）翻译。

还有一件有些奇特的事情能印证它早期的受欢迎程度。在马基雅维利《君主论》出版的同一时期，亚里士多德学者阿圭司提诺·尼夫（Agostino Nifo，1473—1545）恰好在佛罗伦萨的吉恩塔印刷厂工作，他能接触到《君主论》的手稿，并从中获得大量信息，或者更应该说便于他"抄袭"①，利于他在《论统治技艺》（*De regnandi peritia*，1523）里重新评估传统的亚里士多德式道德和政治观念。② 此书在那不勒斯以拉丁文形式出版，它属于 15 世纪下半叶盛行的文学体裁，其主题为论述完美的基督教君主品德。随着君主制政府形式在整个意大利半岛（特别是北方地区）的扩张，这类作品更广为流传。③ 尼夫不仅使马基雅维利创新性的教导中立化，他还完全推翻了它，重新提出一系列君主的美德（尤其

---

① 文艺复兴时期的作者自由地、创造性地引用文本，没有我们目前的引用标准，因此，直接指责其"抄袭"的说法具有误导性。参见 B. Larivaille and S. Pernet-Beau，*Une réécriture du Prince de Machiavel，le De Regnandi Peritia de Agostino Nifo*，bilingual ed.（Université de Paris-Nanterre X：Centre de Recherches de Langue et LittératureItaliennes，1987）；L. Borsetto，*Il furto di Prometeo：Imitazione，scrittura，riscritturanel Rinascimento*（Alessandria：Edizioni dell'Orso，1990）；A. Grafton，*Forgers and Critics：Creativity and Duplicity in Western Scholarship*（Princeton：Princeton University Press，1990）。

② *Augustini Niphi Medicae Philosophi Suessani De Regnandi Peritia，Ad Carolum. Ⅵ. Imper. Caesarem Semper Auoustum*（Naples，1523）.

③ 文学作品包括如 Bartolomeo Platina，*De vero principe*（1481），Giuniano Maio，*De maiestate*（1492），Francesco Patrizi，*De regno*（1494），and Giovanni Pontano，*De principe liber*（1503）。参见 P. Cosentino，"Un plagio del *Principe*：il *De regnandi peritia* di Agostino Nifo，" *Semestrale di Studi（e Testi）Italiani* 1（1998）：139 – 160。关于君主镜鉴（Speculum Principies）的文学，参见 F. Gilbert，"The Humanist Concept of the Prince and *The Prince* of Machiavelli，" *Journal of Modern History* 11（1939）：449 – 483。关于尼福和对马基雅维利更详细的早期评论，参见 S. Anglo，*Machiavelli：The First Century*（Oxford：Oxford University Press，2005）。最后，参见 G. Procacci，*Studi sulla fortuna del Machiavelli*（Rome：Istituto Storico Italiano per l'Età Moderna e Contemporanea，1965）和 *Machiavelli nella cultura europea dell'età moderna*（Rome：Laterza，1995）。

是伟大和慷慨），它们大部分取自亚里士多德的《尼各马可伦理学》（*Nicomachean Ethics*）和西塞罗的《论共和国》（*De officiis*），但这些都由《君主论》的作者故意展示其危险性并选择抛弃。最明显的一点是，尼夫用传统的"审慎"原则代替了马基雅维利创新性的政治"德性"理念。尼夫最引人注目的"创新"应该是从第一册书开始，他根据道德、法律和宗教区分"君主"和"僭主"，即"rex"和"tyrannus"，马基雅维利熟知这一区别，但在《君主论》中故意地忽略了。① 尼夫综合古典作品和中世纪法律理论的争论，谴责僭主无视法律与权力的非法起源，以及其罪恶行径和追逐个人利益而不是共同利益：因此僭主制是不稳定的政权形式。尼夫总结道，地上的荣誉和天上的至福都是给人类的好牧人的奖赏。这一结论与传统君主德性的教导完全契合，但显然是非马基雅维利式的，因为这位佛罗伦萨的秘书深信一位君主为了良治必须做好灵魂被诅咒的准备。

在第一批读者中，弗兰西斯科·圭恰迪尼（Francesco Guicciardini，1483—1540）独占特殊地位，他与马基雅维利关系密切（有时为同谋）且熟谙其文风。他能读到马基雅维利还未出版的《君主论》和《论李维》，并写出三十九章的《评论〈论李维〉》（*Observations on the Discourses*）② 作为一篇对朋友的主要政治观点的即时评论。圭恰迪尼钦佩马基雅维利在所有问题上的大胆创新，③ 但他也表达了不赞同。他认为罗马不能作为佛罗伦萨和意

---

① 参见 L. Strauss, *Thoughts on Machiavelli* (Chicago：University of Chicago Press, 1958)；G. Giorgini, "The Place of the Tyrant in Machiavelli's Political Thought and the Literary Genre of the *Prince*," *History of Political Thought* 29, 2 (2008)：230 - 256。

② F. Guicciardini, *Considerazioni intorno ai Discorsi del Machiavelli sopra la prima deca di Tito Livio*, in Opere inedite di Francesco Guicciardini, ed. G. Canestrini, Vol. 1 (Florence：Barbera, Bianchi e Comp., 1857)。

③ 例如，在 1521 年 5 月 18 日圭恰迪尼写给马基雅维利的信中，他承认他的朋友"提出了一些崭新的非同寻常的观点，其想法从一般观点中脱颖而出"。

大利改革的模板,从一般性而言,他怀疑这样一种对古代的模仿能否成为可能。他相信事件发生的方式与过往类似,但环境的变化导致人们难以从过往例子中汲取灵感:统治者应当依靠他们的"判断力"和审慎。即使圭恰迪尼不认同马基雅维利消极的人性观(他相信人本质上倾向于行善),他也认同马基雅维利采取"治国的技艺"的现实主义路径,即城市共和国的统治应当"根据俗世的惯例",而非(以柏拉图的模式)"哲学地"统治。然而,他认为一个由君主、贵族和平民结合的混合政府是所有情况下的最佳政府和"保护自由"的最佳方式。圭恰迪尼因此驳斥了马基雅维利的这一观点,即当国家面临被毁灭的危险时,最好有一只"君主之手"。

佛罗伦萨人文主义者贝内德托·瓦齐(Benedetto Varchi, 1503—1565)应科西莫一世·德·美第奇公爵(Duke Cosimo I de'Medici)的要求,撰写了一部十六卷的佛罗伦萨史(1721 年才出版),① 涵盖 1527~1535 年的历史。书中记录了一则诽谤性的新闻:在多纳托·詹诺蒂(Donato Giannotti)当选为十人委员会的秘书——马基雅维利渴求这一职位——的选举结束后,马基雅维利很快因重病逝世;② 在快速回顾了马基雅维利的名声和遗产之后,瓦齐认为马基雅维利被整个城市所厌恶,因为他把《君主论》呈献给洛伦佐·德·美第奇,后者"成为佛罗伦萨的绝对统治者"。进一步说,这部"真正不虔诚的作品,应该被摧毁而不仅仅是受到谴责"。富有者认为他教导君主如何掠夺他们的财富,贫穷者认为他教导君主如何夺去他们的荣誉;而两者共同认为,

---

① *Storia fiorentina di Messer Benedetto Varchi*,nella quale principalmente si contengono l'ultime revoluzioni della Repubblica fiorentina,e lo stabilimento del Principato nella casa de' Medici;colla tavola infine delle cose più notabili(Cologne,1721).

② 事实上,1527 年 6 月 10 日获得这一职位的是默默无闻的弗朗切斯科·塔鲁吉,他曾是詹诺蒂的秘书;马基雅维利在 11 天后去世。詹诺蒂于 1527 年 9 月 23 日被任命为秘书,此时马基雅维利已经去世。

他教导君主如何剥夺他们的自由。①

特拉亚诺·博卡里尼（Traiano Boccalini，1556—1613）在其有趣的《帕纳索斯山来信》（*Ragguagli di Parnaso*，1612）和《政治试金石》（*Pietra del paragone politico*，1615）中呈现了一种从共和角度对《君主论》的解读：在劝告统治者采取权宜政治的面纱之下，实际上马基雅维利希望向公众揭露意大利君主的残忍和不道德行为。马基雅维利的第一个出版人贝尔纳多·吉恩塔（Bernardo Giunta）② 也微妙地提出过这种解释。除了一些称马基雅维利为"佛罗伦萨政治的邪恶导师"的有趣评论，暗指其恶名远扬以外，博卡里尼把第 89 封来信献给了马基雅维利。尽管场景有些滑稽，但佛罗伦萨秘书却为其作了严肃的辩护：他坚称他的作品中的规则和箴言在一些君主的实际行动中比比皆是。帕纳索斯山人在最后谴责的反而是他的另一项"罪行"：马基雅维利"试图让简单的人们变得更聪明，造物主慎重地让一些人失明，他却把光明提供给他们，他希望以此来点燃世界"③。由此看来，意大利人对《君主论》的反应从一开始就分成两派：一些作家认为它给予君主和僭主类似于如何维持权力的建议，其他作家认为，在讽刺的面纱下，马基雅维利其实是在揭露绝对统治者的丑恶行径（在这方面他们并不需要任何教导）。

---

① B. Varchi，*Storia fiorentina* Ⅳ，5. 这一评论呼应了贾姆巴蒂斯塔·布西尼（Giambattista Busini）在 1549 年 1 月 23 日写给瓦齐的一封信中的话："整个城市都因为《君主论》而憎恶他：对富人来说，他的《君主论》似乎是一份旨在教会公爵如何剥夺他们全部财产的作品，对穷人来说，是剥夺他们所有自由的作品。皮亚尼（Piagnoni）认为他是异教徒，好人认为他不诚实，坏人认为他比他们更堕落狡猾，所以每个人都厌恶他。"布西尼补充道："马基雅维利非常热爱自由。"*Lettere di Giambattista Busini a Benedetto Varchi sopra l'assedio di Firenze*，ed. G. Milanesi（Florence：Le Monnier，1861），pp. 84 – 85.

② 在他的献词中，吉恩塔把马基雅维利比作一个医生，他描述了毒药和药物，以告诫人们远离前者。

③ T. Boccalini，*De' ragguagli di Parnaso*（Venice，1630），pp. 421 – 424.

一 "地狱中的马基雅维利":多明我会士、耶稣会士和其他马基雅维利的早期批评者

在博卡里尼写《来信》之时,传遍欧洲的不仅是马基雅维利的名声,伴随的还有新创造的词"马基雅维利式的"(Machiavellian)和"马基雅维利主义"(Machiavellianism)①。有一些作家把他们的时间、精力和聪明才智都奉献给一项高尚任务,即驳斥马基雅维利的所谓不虔敬和不道德的教导,同时重新评估基督教的美德与传统的理想,或者二者兼有。在意大利,第一位从事这项工作的是大主教安布罗焦·卡塔里诺·波利蒂(Ambrogio Catarino Politi, 1484—1553),他著有很多反对路德宗和加尔文宗的书以捍卫基督教正统。波利蒂在作品《基督徒应当厌恶的书》(*De libris a christiano detestandis*, 1552)中专门撰写一章以评论马基雅维利,即"如何评价马基雅维利的《君主论》中的论述和制度"(Quam execrandi Machiavelli discursus et institutione sui *Principies*)。② 其攻击由马基雅维利的反基督教倾向而激发,该倾向推导出有害且不道德的准则。教会历史学家托马索·波奇奥(Tommaso Bozio, 1548—1610)在其时代因作品而声名显赫,他主张天主教会高于所有其他基督教派;尤其是他在1591年出版的《反异教徒教会信条》(*De signis Ecclesiae Dei contra omnes haereses*)在法

---

① "马基雅维利主义"第一次出现在1566年,拼写为"machevillion";在Robert Sempill的 *Sempill Ballates*(1568)里,它被称作"Machivilian"。在T. Nashe的 *Pierce Peniless*(1592)里以"Machiauilisme"出现;T. Tuke在 *True Trial*(1607)中写作"Machiavilianisme"。R. Cotgrave在 *Dictionarie of the French and English tongues*(London, 1611)里将法语单词"Machiauelisme"解释为"精巧的政治计谋,狡猾的骗局"。意大利语"machiavellista"和"machiavello"是从16世纪开始流行的。

② Ambrogio Catarino Politi, *De libris a christiano detestandis*, *et a christianismo penitus eliminandis*(Rome, 1552)。关于波利蒂,参见G. Caravale, *Sulle tracce dell'eresia*: *Ambrogio Catarino Politi*(1484–1553)(Florence: Olschki, 2007)。

国和德国多次重印。波奇奥撰写书籍并献给教皇克莱门特八世和枢机主教皮耶罗·阿尔多布兰迪尼（他的侄子），他致力于逐一批驳马基雅维利的观点，与佩德罗·德·里瓦德内拉一同成为反宗教改革作品《反马基雅维利主义》（*adversum Machiavellum*）最杰出的作者。① 同样在1593年出版的还有波奇奥所著的《战争的力量》（*De robore bellico*），他反驳马基雅维利对基督教的错误指控，即基督教把人们变得虚弱，不愿也不能战斗。波奇奥引用史实以及亚里士多德与阿奎那的作品论证其观点，他认为灵魂的美德优先于战争的技艺，天主教徒往往是强大的战士并统治着许多人民。他也反对马基雅维利对于公民军队的偏爱，捍卫教会正义战争（bellum iustum）的理念。② 在《君主的美德》（*De imperio virtutis*）中，他认为马基雅维利使用像喀尔刻（Circe-like）的药剂一样的伎俩把人变成野兽。③ 波奇奥提到"国家理性"的问题，他认为权力必须受限于自然权利、神法和天主教信仰的原则。他列举数个历史范例说明，比起那些败坏美德、沽名钓誉的君主，有美德有信仰的君主更能得到人们的爱戴，过更好的生活，获得更大的成功。在接下来的鸿篇巨制《国家和政府的毁灭》（*De ruinis gentium et regnorum*，1595）④ 中，波奇奥凭借自身博识拓展论述范围，他攻击的不仅仅是马基雅维利，还包括那个时代所有不虔敬的政治家，并主张权力与宗教的不可分割性。他的理论根植于一个假设，即统治世界的不是机会或命运，而是一个智慧的造

---

① 参见 R. Bireley，*The Counter-Reformation Prince*。

② T. Bozio，*De robore bellico diuturnis et amplis catholicorum regnis liber unus : Adversus Macchiavellum*（Rome，1593），第二年，该作品在科隆重印，并做了一些更正，包括正确拼写"*Adversus Machiavellum*"（同一出版商重印波奇奥其他作品时也使用了这个词）。

③ T. Bozio，*De imperio virtutis sive imperia pendere a veris virtutibus non a simulatis libri duo : Adversus Macchiavellum*（Rome，1593）。

④ T. Bozio，*De ruinuis gentium et regnorum adversus impios politicos libri octo*（Rome，1595）。

物主，并且幸福依赖于完整的美德，而美德存在于行动与沉思中；他进一步论述成功与财富都依赖于美德与宗教。波奇奥对马基雅维利最后的猛烈攻击是《反马基雅维利主义》中的《古代与现代的意大利国家》（De antiquo et novo Italiae statu，1595）一文，他揭示了马基雅维利关于基督教和教皇的"厚颜无耻的谎言"。① 波奇奥再次展示其于历史与文学上的渊博学识，论证在君士坦丁大帝之前根本没有好的统治者，并总结道，只有在精神与世俗中都拥有全权（the plenitude of power）的教皇，才享有创造合法的统治者（legitimate sovereigns）的权威（authority）。②

1540 年，依纳爵·罗耀拉（Ignatius of Loyola）在教皇保罗三世（Pope Paul Ⅲ）的支持下创立耶稣会（Societas Iese），一些耶稣会士以其反驳马基雅维利观点时展现的活力和智慧而闻名。对于耶稣会士来说，马基雅维利就是这样一位作家：他创造了"国家理性"的概念（实际上马基雅维利并没有使用该词），提出政治高于宗教，国家高于教会，罗马高于耶路撒冷，并为之辩护。他们认为自身的工作主要在于，证明其不虔敬的教导对于希望顺利统治国家的君主有百害而无一利，从而推翻他的理论。毋庸置疑，乔瓦尼·博泰罗（Giovanni Botero，1544—1617）是该领域的佼佼者，其作品《国家理性》（Della ragion di Stato，1589）对许多欧洲国家的政治都产生巨大的现实影响。③ 博泰罗注意到马基雅维利和塔西佗的作品在宫廷中受到欢迎和尊敬，他决心要证明国家理性与道德理性不能分离。博泰罗恢复了正义在一国中作为基本美德的地位，他接受亚里士多德的观点，认为一位拥有卓越美德的君主自然会获得臣民、贵族和平民的服从。此书还包含根据

---

① T. Bozio, De antique et novo Italiae statu libri quatuor；Adversus Macchiavellum（Rome，1595；Cologne，1595）.

② 这一思想在另一部巨著中得到重申：T. Bozio, De iure status sive de iure divino et naturali ecclesiaticae libertatis ac potestatis（Rome，1600）。

③ G. Botero, Della ragion di stato libri dieci（Venice，1589）.

亚里士多德和希波克拉底著作设计的民族现象学（phenomenology of peoples）。

另一名耶稣会会士安东尼奥·波赛维诺（Antonio Possevino, 1533—1661）全力抨击马基雅维利，后者的肖像在那时已经被烧毁了；在他的《审判》（Iudicium，1592）中，他把马基雅维利、德拉卢（De la Noue）、博丹（Bodin）和杜普雷西斯·莫尔尼（Duplessis-Mornay）归为邪恶作家，并对他们展开攻击。① 但人们普遍认为，波赛维诺对马基雅维利的作品了解甚微，他似乎没有第一手的知识（例如他认为《君主论》由四本书构成）。马基雅维利被指控为一个缺乏虔敬之心和不信宗教的聪明人，然而历史证明，如果罗马皇帝和同时代的君主怀有虔敬之心并依赖宗教，他们会有更杰出的政治和军事成就。耶稣会会士吉安·洛伦佐·卢凯西尼（Gian Lorenzo Lucchesini, 1638—1716）在其作品《论马基雅维利的愚蠢》（Saggio della sciocchezza di Nicolò Macchiavelli, 1697）② 中，把马基雅维利"愚蠢的格言"和所罗门的神圣规则进行对比，以证明后者才是成功的统治者更好的选择：所有明智和实用的政治格言都能在《旧约》的箴言篇中找到。的确，无论是在政治、经济还是个人道德方面，君主和公民个人都能从中找到珍贵的建议。卢凯西尼表明马基雅维利对切萨雷·博尔贾（Cesare Borgia）的钦佩缺乏判断力，后者的错误得到了应有的检视，而且马基雅维利未经判断就给出建议，这些建议所产生的效果与其理论相悖。杰出的统治者之所以能维持权力，关键在于他们的正义感和敬畏上帝的品质。这些指责和反对意见并不新颖；也许这本书最引人注目之处在于其嘲笑和轻蔑的基调，以及前所未有的粗俗语言。后来的一位批评家、诗人乌戈·福斯科洛（Ugo Fos-

---

① Antonii Possevini e Societate Iesu Iudicium（Lyon, 1593）.

② G. L. Lucchesini, Saggio della sciocchezza di Nicolò Macchiavelli scoperta eziandio col solo Discorso Naturale, e con far vedere Dannose anche à gl'Interessi della Terra le Principali sue Massime（Rome, 1697）.

colo，1778—1827）说，图书管理员常常把书背和目录上的书名缩写为"卢凯西尼神父的愚蠢"（Stupidities of Father Lucchesini）。

二 意大利启蒙运动和"意大利复兴运动"时期：爱国者马基雅维利

意大利启蒙运动时期的作家对马基雅维利的态度截然不同：他们阅读他的作品（而不是简单地用间接了解的思想来攻击他），认为《论李维》比《君主论》更值得重视。这一解读的范例是一本篇幅简短但内容丰富的书：《对作为市民和佛罗伦萨秘书的尼科洛·马基雅维利的称赞》（*Elogio di Niccolò Machiavelli cittadino e segretario fiorentino*，1779），它由朱塞佩·玛丽亚·加兰蒂（Giuseppe Maria Galanti，1743—1806）写就，此书是马基雅维利即将重印的作品的导读，后者的有些作品因为教会的干涉而从未出版过。① 加兰蒂认为，人们应当阅读《论李维》以获取马基雅维利的真实想法，他在书中秉持与《君主论》"完全相反"的原则。意大利爱国主义者和共和主义者乐于接受并复述这一解释，例如维托里奥·阿尔菲利（Vittorio Aldieri，1749—1803）。阿尔菲利不仅在意大利文学中占据重要地位，且对于所有致力于"意大利复兴运动"的年轻爱国者而言，他还是为意大利的自由和统一而奋斗的标杆性人物。阿尔菲利的小册子《论君主与文学》（*Del Principe e delle lettere*，1778—1786）围绕两个主题展开论证：对僭政的厌恶与对自由的热爱。他论证在排除其他影响后，僭政是如何摧毁文学的。② 马基雅维利是"真正启蒙世界、分析人类的才能

① G. M. Galanti, *Elogio di Niccolò Machiavelli cittadino e segretario fiorentino* (Naples, 1779), 关于意大利启蒙运动，参见 V. Ferrone, *The Politics of Enlightenment* (London：Anthem, 2012)。

② V. Alfieri, *Del Principe e delle lettere*, in *Opere di Vittorio Alfieri* (Italia, 1805), 19：111.

和权利"的现代作家，自西塞罗之后，他是意大利唯一的哲学家，他探究政治和道德的真相，对人性有无法超越的认知；然而，他在国内寂寂无名，不受人敬重。阿尔菲利的主要观点是，《君主论》中描写不道德的僭政，旨在向人们揭露僭主的野心与蓄意的残暴行为，僭主不需要他的教导，他们常常使用这些伎俩，并且会继续"根据他们的需要、精确的判断和熟练程度"使用它们。"相反，在马基雅维利撰写的历史和对李维史的论述中，在他的字里行间，读者能感受到一种追求自由、热爱正义的敏锐的思想，一种高尚的渴求真理的精神。因此每位认真阅读、拥有崇高理想并与作者产生共鸣的读者，都不禁成为自由的热烈捍卫者和一切政治德性的开明的爱好者。"①

同时代另一位伟大的诗人和文学家，意大利第一位浪漫主义诗人乌戈·福斯科洛的评论也与前者不相上下。他的生活和写作特点是在爱国主义中混杂强烈的情绪。他对《君主论》有着非凡的解读，这一解读收编于作品《坟墓》（*I sepolcri*，1807）中，此书旨在表明过去的伟大榜样对于激发意大利人德性的重要性。具体来说，福斯科洛用一句话概述某些共和主义作家②的长期传统：马基雅维利是一位"伟人"，他假装加强君主的力量，实际上揭露辉煌与"荣誉"的真实本质——它建立于血与泪之上。马基雅维利希望揭示权势所做的道德掩饰，劝导市民和政治家厌恶僭主。在别处，福斯科洛把马基雅维利描述成"最有远见的政治作家，他期望一位君主能重新统一意大利从而解放它，即使这位君主是僭主"③。福斯科洛还写了一本《对马基雅维利的作品和名声的评

---

① V. Alfieri, *Del Principe e delle lettere*, in *Opere di Vittorio Alfieri*（Italia，1805），120 - 121.

② 如博卡里尼（Boccalini）、阿尔菲利（Alfieri）、巴雷蒂（Baretti）。

③ U. Foscolo, *Della patria, degli scritti e della fama di Niccolò Machiavelli*（1811），in *Opere complete di Ugo Foscolo*（Naples，1860）；另见他的 *Discorso storico sul testo del Decamerone di Messer Giovanni Boccaccio*（Lugano：Ruggia，1828）。

论》（*Commentario critico degli scritti e della fama di Machiavelli*），它是对马基雅维利的作品、版本和反响的选编。[1]

后来的意大利作家受到"意大利复兴运动"的浪漫主义和爱国主义时代精神影响，他们把马基雅维利定义为热诚的共和主义者、意大利统一的先驱者。自意大利王国在 1860 年重新统一，以及浪漫主义和爱国主义的基调贯穿整个时期以来，《意大利文学史》（*History of Italian Literature*）是该领域中第一部阐述此观点的作品。其作者弗兰西斯科·德·桑克蒂斯（Francesco De Sanctis，1817—1883）把论述集中于马基雅维利的"人"：马基雅维利笔下的英雄是人和自然的驯服者。他认为道德责任在于目的的选择，而非手段。他赞赏马基雅维利的爱国主义，赞赏后者力图通过设立君主的手段将意大利从道德沉睡中唤醒的行为，他还补充道，马基雅维利对意大利的影响如同宗教改革对欧洲其他国家的影响。尽管马基雅维利采用现实主义的方法，但最终他还是被拯救意大利的希望所迷惑，这不难理解，他怀着一种诗意的天性，幻灭随之而来。德·桑克蒂斯总结道，马基雅维利真正的灵感是讽刺而不是激情，他敏锐的观察力使他成为"意大利复兴运动"的先驱。[2]

历史学家和政治学家帕斯夸莱·维拉里（Pasquale Villari，1827—1917）是新统一的意大利的一名参议员，他贡献了一部关于马基雅维利及其时代的巨著《马基雅维利及其时代》（*Niccolò Machiavelli e i suoi tempi*，1877—1882），他的妻子琳达·怀特·马兹尼·维拉里（Linda White Mazini Villari）将其翻译成英文，该作品流传甚广。它以优美的散文写成，并展现了作者经久不衰的判断力；它也是一座关于马基雅维利的新闻和信息的宝库。政治

① U. Foscolo, *Commentario critico degli scritti e della fama di Machiavelli*, in *Prose letterarie*（Florence：Le Monnier，1850）；参见如2：452。

② F. De Sanctis, *Storia della letteratura italiana*（Naples：Morano，1870）.

家、前公共教育部部长帕斯夸尔·斯坦尼斯劳·曼奇尼（Pasquale Stanislao Mancini，1817—1888）赞扬马基雅维利把政治学从"神学枷锁"中解放出来：马基雅维利论述政治如何充分利用宗教，而不是让政治服从宗教；他也没有把政治置于哲学或道德之下，因为他把它当成一种"实验性理论"，应该历史地研究。马基雅维利没有把"是什么"转变成"应该是什么"；他"没有把事实提升到正确的高度"，而是将道德和法律问题排除在政治领域之外。从这个角度来看，马基雅维利的作品是一以贯之的：他关心"某些手段和原因与某些目的和结果之间的关系"。实际上，用邪恶的手段维持不正义的僭主政权这一部分，是其作品中最不新奇的叙述；他的原创性在于把任何绝对国家当作僭政国家。① 马基雅维利倡导的政治与道德和法律理论分离的观念，为克罗齐对马基雅维利的著名描述埋下伏笔，克罗齐认为后者是政治脱离道德获得自主性的发现者。②

三 独裁③时代的马基雅维利

在世纪之交，《君主论》的浪漫主义和爱国主义解释热潮褪去，精英理论者维尔弗雷多·帕累托（Vilfredo Pareto，1848—1923）、加埃塔诺·莫斯卡（Gaetano Mosca，1858—1941）和罗伯特·米歇尔斯（Roberto Michels，1876—1936）以截然不同的方式再次提起马基雅维利的观点。帕累托特别称赞马基雅维利的原创性和胆识，

---

① P. S. Mancini, *Della dottrina politica del Machiavelli*（Turin：Lampato，Barieri，1852）.

② 另一位从马基雅维利的著作和政治行动中获得灵感的杰出政治家是博洛尼亚·马克·明蒂（Bolognese Marco Minghetti，1818—1886），参见他的 *Opuscoli letterari ed economici*（Florence：Le Monnier，1872）和 *Scritti politici*，ed. R. Gherardi（Rome：Presidenza del Consiglio dei Ministri，1986）。

③ 原文为"Tyrannies"。除此一处，原文中其他"tyranny"皆译为"僭政"。——译者按

马基雅维利对于宗教的处理引起他的兴趣：他认为马基雅维利的公民宗教观点优于萨沃纳罗拉的禁欲主义，后者阻碍意大利文艺复兴理想的实现。宗教联结民众，它相当于当代意识形态：类似于亚里士多德和波利比乌斯，马基雅维利科学地观察政治现象的实质，他是政治心理学的导师；他能抓住政治和人类一些永恒的特质，其见解依然是时下热门话题。① 米歇尔斯最初为一名社会主义者，后来成为法西斯主义拥护者，他称赞马基雅维利现实主义的政治技艺，并将其视作"爱国主义和革命专政的导师"。② 在解读者中，莫斯卡的命运有些特殊：皮耶罗·戈贝蒂（Piero Gobetti）将其定义为一名"保守的绅士，马基雅维利的国家里政治科学的第二开创者"，③ 莫斯卡的现实主义总与马基雅维利相连，詹姆斯·伯恩汉姆（James Burnham）把他和其他精英主义者一同归类到"马基雅维利主义者"里。④ 然而，莫斯卡是马基雅维利的温和但敏锐的批评家，他更倾心于圭恰迪尼和明智者统治的政治理想：他认为马基雅维利的政治方法既过时又不科学，马基雅维利不该被定义为现代政治科学的开创者，他最多奠定了基础。⑤

在 20 世纪的意大利，马基雅维利的解读者中最有能力和影响力的两个人莫过于自由派哲学家贝内代托·克罗齐（Benedetto

---

① V. Pareto, *Trattato di sociologia generale* (*1916*) (Turin: Utet, 1988), pp. 2286, 2357.

② R. Michels, "Gaetano Mosca e la teoria dello Stato," (1929) in *Socialismo e Fascismo* (*1925 – 1934*), ed. G. Panella (Milan: Giuffrè, 1991).

③ P. Gobetti, "Un conservatore galantuomo," *La Rivoluzione Liberale* 3, 19 (1924); 现收于 *Scritti politici*, ed. P. Spriano (Turin: Einaudi, 1960), p. 652。戈贝蒂是法西斯主义的自由主义反对者，是意大利许多自由企业的创始人，1926 年被法西斯主义者杀害。

④ J. Burnham, *The Machiavellians* (New York: John Day, 1943).

⑤ G. Mosca, "Il Principe di Machiavelli quattro secoli dopo la morte del suo autore," (1925) in *Ciò che la storia potrebbe insegnare : Scritti di scienza politica* (Milan: Giuffrè, 1958), pp. 673 – 720.

Croce，1866—1952）和马克思主义思想家安东尼奥·葛兰西（Antonio Gramsci，1891—1937）。对克罗齐来说，马基雅维利直面"政治与道德的二律背反"，并敢于捍卫政治的自主性，论证政治是一个独立于道德的领域。[①] 在马基雅维利之后，政治不再是道德的一部分：马基雅维利展示政治自身独立的法律和规则，认为政治应当免受邪恶的指责。然而天主教哲学家依然如此看待政治，克罗齐对此感到痛惜（他显然不喜欢"天主教哲学家"这一表述，他认为哲学不承认形容词）。马基雅维利并没有拒斥道德，恰恰相反，他是历史上"最崇高最悲哀的灵魂之一"，试图尽其所能在世间践行道德。克罗齐总结道，马基雅维利没有为了政治牺牲道德，他承认它们相互自治；人们只能谴责他无法成功地弥合它们之间的关系。另一名伟大的意大利唯心主义哲学家乔瓦尼·金蒂利（Giovanni Gentile，1875—1944）对马基雅维利的看法更加"光影分明"：一方面，马基雅维利意识到有创造力的个人在政治中的重要性，并盛赞其爱国情怀；另一方面，马基雅维利对"国家"这一概念的理解还很模糊，对国家的道德价值认识甚微。此外，金蒂利驳斥他的个人主义、对宗教的工具性效用的强调和文艺复兴期间典型的对命运的自然观。[②] 另一位保守的天主教哲学家奥古斯托·德·诺克（Augusto Del Noce，1910—1989）认为马基雅维利在现代性危机的产生中发挥决定性作用：他是现代无神论的创始人——现代无神论有两种形式：虚无主义（坚持者如尼采）和积极主义（坚持者如马克思）；他是自由主义思想家的导师，他们继承了他的无神论和政治脱离道德指导并等

[①] B. Croce, "Machiavelli e Vico: La politica e l'etica," in *Etica e Politica* (1931) (Bari: Laterza, 1981), pp. 204 – 209; "La questione del Machiavelli," in *Indagini su Hegel e schiarimenti filosofici* (Bari: Laterza, 1949), pp. 174 – 186.

[②] G. Gentile, "Religione e virtù di Machiavelli," (1918) in *Studi sul Rinascimento* (Florence: Sansoni, 1923), pp. 107 – 112, and "L'etica di Machiavelli" (1920), in *Studi*, pp. 113 – 120.

同于权力的观点。①

安东尼奥·葛兰西从雅各宾派和列宁派的视角看待马基雅维利，认为《君主论》中包含共产党的原型，并视马基雅维利为"意大利统治阶级最经典的政治老师"。② 葛兰西结合马基雅维利的时代背景历史地解读其思想，同时坚称其教导具有普世价值。此书的核心特征在于它是一本"活的"书，政治意识形态和政治科学以戏剧性的"神话"形式结合起来：置乌托邦与经院哲学传统于不顾，马基雅维利塑造了体现"集体意志"的领导者形象。《君主论》的神话在20世纪的历史性实例是革命党，特点在于政治意识形态所具有的"霸权"作用，并旨在将分散的人民意志组织成集体意志。《君主论》的末章目的在于激励人们行动——不是一般的人们，而是深受马基雅维利理论影响的读者；此章看似多此一举实则举足轻重，它使整部作品熠熠生辉，从而成为一部"政治宣言"。马基雅维利的现实主义教导可以概括为：政治家必须明白，某些手段对于达成目的来说不可或缺，即使它们是僭主的典型手段。

贝尼托·墨索里尼（Benito Mussolini, 1883—1945）当然也是《君主论》的读者和拥护者；他对此书的痴迷促使他在1924年给博洛尼亚大学写了一篇关于马基雅维利的文章，希望以此获得荣誉学位（honoris causa degree）——这篇文章后来在《阶级报》（*journal Gerarchia*）上以《马基雅维利的导论》（*Preludio al Machiavelli*）为

① A. Del Noce, "Riflessioni sull'opzione ateistica," (1961) in *II problema dell'ateismo* (Bologna：Il Mulino, 1990), pp. 335－375.
② 1932年至1934年，葛兰西在狱中创作的《札记13》是关于马基雅维利的文章。A. Gramsci, *Quaderno 13：Notereile sulla politica del Machiavelli*, ed. C. Donzelli (Turin：Einaudi, 1981)。他在文学方面的造诣令人惊奇，详见 R. Medici, *La metafora Machiavelli：Mosca Pareto Michels Gramsci* (Modena：Mucchi, 1990)；B. Fontana, *Hegemony and Power：On the Relation between Gramsci and Machiavelli* (Minneapolis：University of Minnesota Press, 1993)。

名刊登。① 墨索里尼认为该文"绝非一篇布满对其他作者的引用的冷酷的学术论文，而是一篇戏剧"。墨索里尼谈到马基雅维利对当代的意义问题，他相信即使生活的外部环境变化剧烈，人们的思想和性格始终不变。他特别感兴趣的是马基雅维利的悲观人性论，和他如实描绘人性的杰出的心理能力：通过这种方式，马基雅维利描述的不仅是当时的佛罗伦萨人或者意大利人，而是不分时空的人，他描述人的本性。马基雅维利的实用主义（甚至是犬儒主义）是这种人性观的逻辑结果。墨索里尼式解读的核心在于确立君主与人民的对立，国家与个人的对立：墨索里尼认为在马基雅维利那里，"君主"即国家，当国家超越个体并代为组织和施加限制之时，个人受制于自身利益而选择竭尽所能地逃避约束。如此一来，人民主权无可避免地沦为一个悲剧性的骗局：当需要做出重要决定时，国家立即收回慷慨赠与人民的主权；单纯的共识不足以维持统治，必要时候还须借助武力。② 墨索里尼的文章标志着对马基雅维利的解读达到顶峰，它深受尼采和勒庞观点的影响，把重心置于君主和人民的关系之上，断言威权主义特质（authoritarian trait）对统治者的必要性，统治者可以运用武力、欺诈或者领导力以引导人民。

在 20 世纪的意大利，人们可能还会注意到《君主论》有趣的

---

① B. Mussolini, "Preludio al Machiavelli," *Gerarchia* 3, 4（April 1924）：204 – 209；此文以小册子形式再版，*Preludio al " Machiavelli" nel quarto centenario di Machiavelli*（Rome：Tipografia II Popolo d'Italia, 1927），并载于 N. Machiavelli, *Il Principe, con il Preludio al Machiavelli di Benito Mussolini*（Milan：Società Anonima Notari, 1928）。由于许多原因阻碍，墨索里尼没有获得荣誉学位，参见 R. de Felice, *Mussolini il fascista*（Turin：Einaudi, 1966），456 – 66。值得注意的是，社会党议员 Giacomo Matteotti 在被法西斯分子绑架和杀害之前，曾撰写一篇回应以全面抨击此文，参见 "Machiavelli, Mussolini and Fascism," *English Life*, July 1924：87ff，详细参见 M. Canali, *Il delitto Matteotti*（Bologna：Il Mulino, 1997）。

② "武力"和"共识"的必要性也是墨索里尼在上一篇发表于《阶级报》的文章的主旨，它对自由主义进行猛烈抨击，认为自由主义是过时的政府管理方法，参见 B. Mussolini, "La forza e il consenso," *Gerarchia* 2, 3（March 1923）。

命运：三位总理给《君主论》写导言，可想而知，他们对这本书的不同方面的强调和重视。法西斯主义者墨索里尼称《君主论》为人民主权的安魂曲和政治中使用武力的必要性的提示信；[①] 社会主义者贝蒂诺·克拉克西（Bettino Craxi）抓住机会批评葛兰西把政党解释为现代君主的共产主义观点；中右翼政客、企业家西尔维奥·贝卢斯科尼（Silvio Berlusconi）在书中添加拿破仑的伪造注解。[②]

在 20 世纪，意大利还有其他一些值得关注的解读，它们从不同角度出发分析马基雅维利——政治思想史、现代史和意大利文学史。首先应提到罗伯特·里多尔菲（Roberto Ridolfi，1899—1991），他撰写了《马基雅维利的生平》（*The life of Machiavelli*，1954），此书仍然是值得参考的标准传记。费代里科·沙博（Federico Chabod，1901—1960）是 20 世纪研究最细致最精确的历史学家之一，他提出《君主论》的完成日期在 1513 年 6 月至 12 月，学界普遍接受此结论。[③] 沙博为意大利百科全书《特雷卡尼》（*Treccani*，

---

① 关于墨索里尼和法西斯对马基雅维利学说的应用，以及他们在意大利反法西斯知识分子中引起的反响（如马特奥蒂、戈贝蒂等人），参见 G. M. Barbuto, *Machiavelli e i totalitarismi*（Naples：Guida，2005）。

② 参见 L. Mitarotondo, "Il Principe fra il 'Preludio' di Mussolini e le letture del Ventennio," in *Machiavelli nella storiografia e nel pensiero politico del XX secolo*, e-d. M. Bassani and C. Vivanti（Milan：Giuffrè，2006），pp. 59 – 78。墨索里尼、克拉克西和贝卢斯科尼撰写的《君主论》导言收于 "Testi e pretesti：Tre presentazioni del 'Principe'"，*Il Ponte* 54（1998）。

③ 沙博反对迈内克的观点，即《君主论》是在不同阶段写成。但此想法最近被马里奥·马尔泰利（Mario Martelli）重新提出，他认为马基雅维利写了两个版本，一个是 1513 年 "匆忙而就" 的版本，另一个是 1518 年的补充和修订版。萨索也反对两个版本的观点，乔治·英格尔斯（Giorgio Inglese）在其撰写的《君主论》导言里说，即使马基雅维利对文本作了修改，这些修改也不会晚于 1514 年 5 月。关于资料来源和更全面详细的信息，参见 F. Russo, *Bruto a Firenze*（Naples：Editoriale Scientifica，2008）。笔者赞同根纳罗·巴布托（Gennaro Barbuto）的观点，即在没有《君主论》的手稿本的情况下，它的年代问题也难以一劳永逸地解决；然而，我们从尼科洛·圭恰迪尼写给他父亲路易吉的一封信中得知，手稿本在 1517 年夏天已经流传。参见 G. Barbuto, *Machiavelli*（Rome：Salerno Editrice，2013）：126 – 128。

1934）编写"马基雅维利"的词条，此书是由哲学家乔瓦尼·金蒂利策划和指导的一部里程碑式的作品，它对意大利文化有经久不衰的重要作用。沙博认为，除末章外，马基雅维利在《君主论》中的论述逻辑完整，但当他解决了命运的地位问题后，政治热情攫取了他：他旨在说服年轻的洛伦佐·德·美第奇和他的读者行动起来；实际上末章紧随于第二十五章内容，劝告读者把意大利从野蛮的统治中解放出来。理性和想象、逻辑和感受共存于他的作品中，拉丁文的章节标题证明马基雅维利旨在遏制自己的想象力，本国语言的表达印证他对所叙述事件的亲身参与。① 沙博是意大利历史研究所所长——该所由克罗齐创立，位于那不勒斯的宫殿（*palazzo*）并拥有庞大的图书馆——自 1946 年起几代历史学家都在此做研究工作。他们之中有很多研究马基雅维利的学者，他们跟随沙博学习，如吉纳罗·萨索（Gennaro Sasso，1928—　　）和尼古拉·玛得希（Nicola Matteucci，1926—2006）。萨索的许多著作与马基雅维利相关，它们带有强烈的哲学关注并运用历史主义的方法写就。② 他把马基雅维利的思想放在当时的政治和文化背景中，研究他的哲学渊源、影响和所处历史环境。

尼古拉·玛得希是自克罗齐以后意大利最有趣的自由主义思想家，他强调马基雅维利思想的统一，即主要作品在中心原则上的一致性，反对目前盛行的解释——把《君主论》和《论李维》理解为对最佳政制的两种截然不同的主张：前者认同君主制而后者认同共和制。玛得希认为马基雅维利对时事的困惑，对意大利政治文化危机的敏锐的觉察力，对"理解人类世界本质的理性能力"的疑惑，都成为其思想根基，并能解释其作品中的不一致之处。面对着当时意大利的戏剧性局面，马基雅维利发现一个至关

---

① F. Chabod, *Scritti su Machiavelli* (Turin：Einaudi, 1964).
② G. Sasso, *Niccolò Machiavelli* (1958) (Bologna：Il Mulino, 1992); *Machiavelli e gli antichi e altri saggi*, 4 vols. (Milan：Ricciardi, 1987 – 1997).

重要的真理：政治是一个严肃的问题，它有尽管带有戏剧性但不可变更的规则；政治有自己的道义论，并非远离道德（"应当"的领域），新君主为拯救国家和人民，必须做好"诅咒自己的灵魂"的准备（《论李维》3.43）。①

同样有趣的是文学史学家（即"意大利主义者"）对《君主论》的解读，其中两位因其原创性脱颖而出。路易吉·鲁索（Luigi Russo，1892—1961）把马基雅维利描述为"政治的艺术家"，他关注《君主论》中文艺复兴时期个人主义的表现：马基雅维利把君主描绘成一个孤独的悲剧英雄，他的行动不依靠人民，并凌驾于历史之上，他实际上是"一个梦，一位君主艺术家和君主工程师，他用绝对的冷漠和熟练的技艺拯救人民"②。鲁索着眼于《君主论》与《论李维》之间的辩证关系，宣称前者只是展示了"他对政治技艺的激情的另一个阶段"：两部伟大的作品共同展示马基雅维利对"政治的两个不可分解的时刻：权威的时刻与自由的时刻"的分析能力。鲁索最后强调《君主论》末章与其他章节之间的差异：末章带有"萨沃纳罗拉主义的（Savonarolian）"特点，这一特点与马基雅维利的总体意图相悖，即把政治描述为一项艺术和技艺。弗兰西斯科·弗洛拉（Francesco Flora，1891—1962）是20世纪意大利文学史上最优雅、最有洞察力的作家，③他认为马基雅维利是"沉思者"而非行动者，其思想总是超越日常行动。马基雅维利的天才之处在于发现国家的共性，发现不同国家不同实例中永恒不变的本质，在于"将他任秘书一职的小环

---

① N. Matteucci, "Niccolò Machiavelli," in *Alla ricerca dell'ordine politico*（Bologna：Il Mulino，1984），pp. 31 – 67；另见他的一篇带有激进性的文章"Machiavelli politologo，"in *Alla ricerca*，pp. 69 – 108。

② L. Russo, *Prolegomeni al Machiavelli*（1931），in *Machiavelli*（Rome：Laterza，1988），人们可以把这种观点与Singleton的观点进行比较，他把马基雅维利的君主描述为只对建筑的优雅和稳固感兴趣的艺术家，参见 C. S. Singleton，"The Perspective of Art，" *Kenyon Review* 15（1953）：169 – 189。

③ F. Flora, *Storia della letteratura italiana*（Milan：Mondadori，1940）.

境中适用的特定规则，转化为普遍政治的一般原则"。在意大利，有"很多君主但只有一个马基雅维利"。马基雅维利是一位严谨的政治哲学家，他专注于政治的永恒规则：最无可辩驳的是必然性法则。在《君主论》的结尾，国家成为祖国：在这个意义上，政治自我救赎并成为道德观念。

Five Hundred Years of Italian Scholarship on Machiavelli's *Prince*

Giovanni Giorgini; Li Ruisi

Abstract: Machiavelli's *Prince* circulated widely in manuscript form in Italy way before its publication in 1532. Its reception was mixed from the start: some readers found in it a frank, sometimes ironic, description for the benefit of the people of the evil means used by bad rulers; others read in it evil recommendations to tyrants to help them maintain their power. The history of the reception of the *Prince* in Italy discloses a book with many facets: the impious and amoral Machiavelli of the Jesuits; the republican champion of the people, who unveiled the evil practices of tyrants, of the Enlightenment and Romantic readers; the citizen and patriot who fought for the liberation of Italy of the "Risorgimento"; the nationalist author who realized the limits of popular sovereignty and the necessity of force during the Fascist era; and many more Machiavellis and *Princes* present in Italy in the past five hundred years.

2021年第2辑·总第4辑

法律和政治科学
LAW AND POLITICAL SCIENCE

Vol.4, 2021 No.2

书　评

《法律和政治科学》（2021 年第 2 辑·总第 4 辑）

第 183~195 页

© SSAP，2021

在野之学："华中乡土派"的研究方法[*]

罗兴佐[**]

一　为什么推荐《在野之学》

贺雪峰老师的《在野之学》[①] 刚刚出版，因为这本书讲了如何做研究，讲了"华中乡土派"对社会科学研究的立场、观点和方法，特推荐给同学们学习参考。

"华中乡土派"这一称谓是应星提出来的。他在评述该团队的早期成员仝志辉的博士论文《选举事件与村庄政治》[②] 时，以此指称以贺雪峰等人为代表的基于乡土田野研究乡村政治的学

---

[*]　本文系作者2020年11月24日在西南政法大学2020级政治学专业研究生专题读书会上的总结发言，由孙少石博士根据录音整理，作者修改定稿。

[**]　罗兴佐，法学（政治学）博士，西南政法大学政治与公共管理学院教授。

①　贺雪峰：《在野之学》，北京大学出版社，2020。

②　仝志辉：《选举事件与村庄政治：村庄社会关联中的村民选举参与》，中国社会科学出版社，2004。

者群。① 后来，吴毅、贺雪峰、董磊明、罗兴佐、吴理财五人联合署名在《开放时代》上发表文章②回应应星的批评。由此，学界开始有了"华中乡土派"这一称谓。

"华中乡土派"最初与华中师范大学有关系。20 世纪 90 年代，华中师范大学成立了一个研究农村问题的机构，张厚安教授带领一批年轻学者到农村去调研，并提出了"理论务农"的口号。之后，该机构改名为华中师范大学中国农村问题研究中心，并升格为教育部人文社会科学重点研究基地，由徐勇教授领衔。此后，该中心逐渐汇集了一批研究"三农"问题的学者。经过数年发展，以贺雪峰为领头人的"华中乡土派"逐渐发展壮大，成为在国内学界具有一定影响力的学者群体。

早期"华中乡土派"团队的规模比较小，他们整天在农村做调查，学界对其关注度并不高。2002 年，贺雪峰和仝志辉在《中国社会科学》发表了两篇文章③，引起了学界的一些关注。同年，贺雪峰在他就职的荆门职业技术学院召开了一次全国性的学术会议——转型期乡村社会性质研究，当时国内的许多知名学者如曹锦清、孙立平、朱苏力、张静、景跃进等，以及在学界崭露头角的一批学者如吴毅、仝志辉、董磊明、罗兴佐、吴理财等参加了这次会议。这次会议成为"华中乡土派"发展历史上的一次重要会议。

当然，今天的主题不是讲"华中乡土派"的发展史，仅作这一简短的回顾，让大家了解一下这本书的相关背景。《在野之学》讲了"华中乡土派"对社会科学研究的立场、观点和方法，值得大家阅读。

---

① 应星：《评村民自治研究的新取向——以〈选举事件与村庄政治〉为例》，《社会学研究》2005 年第 1 期。

② 吴毅等：《村治研究的路径与主体——兼答应星先生的批评》，《开放时代》，2005 年第 4 期。

③ 仝志辉、贺雪峰：《村庄权力结构的三层分析——兼论选举后村级权力的合法性》，《中国社会科学》2002 年第 1 期；贺雪峰、仝志辉：《论村庄社会关联——兼论村庄秩序的社会基础》，《中国社会科学》2002 年第 3 期。

"华中乡土派"之所以能够从小到大发展到今天这个规模，并在学界有一定的影响力，主要基于以下三个方面的高度共识。

第一，中国立场。进入团队的人，他做的研究一定是以理解中国经验为路径，以服务中国和民族发展为诉求的。一个同学进入团队，如果他不能确立这种立场，是无法在团队里做研究的。当然，一些刚进入团队的同学可能并不了解"华中乡土派"的立场，可一旦进入团队后，慢慢地会受到熏陶，立场逐渐坚定。

第二，有特色的方法，即"两经一专"。一是经典，即读经典书。贺老师在《在野之学》中讲如何写出一篇优秀的博士论文，他将博士作为人才培养规划的对象。硕士阶段主要是读书，即经典的训练。二是经验，经验的训练主要是在完成硕士阶段的学习任务之后。贺老师指导博士，要求博士生在写作博士论文之前至少有 300 天的经验训练，这是动笔写作博士论文的大前提，没有人可以例外。没有经典的学习，经验训练就是空的。经典学习在于培养问题意识，学会提炼问题，增强逻辑思维能力。只有这样，在真正进行经验训练时，才能够把握住问题，而经验训练的意义在于经典学习一定要通过经验训练来深化。三是专业化，最明显的体现是在博士论文选题上。在"华中乡土派"团队中，研究并没有僵化的学科边界，任何学科背景的人都可以在这个团队里尽情发挥才能。在成长过程中，每个人学习的前提都是一样的，经典学习与经验训练必不可少。只有在做博士论文时，才能看到学科之间存在着不同的边界，而不同的学科会选择不同的研究论题。

第三，厚重的经验感。目前很多期刊的编辑，一看文章，便能判断这是"华中乡土派"成员写作的。在国内做经验研究这一块，从经验的厚重感来说，"华中乡土派"是有特色的。吕德文在《天津行政学院学报》上发表的一篇关于城市治理的文章①，

---

① 吕德文：《城市边缘地带的可治理化——基于一个马路市场的实证调查》，《天津行政学院学报》2020 年第 6 期。

以路边摊贩作为研究对象，推荐大家阅读。现在国内有不少期刊，每期刊登1~3篇甚至更多"华中乡土派"成员的文章。

有人认为"华中乡土派"研究了那么多年的村民自治问题，到底还能研究什么？如果不关注中国的发展变化，不时时关注实践的发展，不关注国家重大政策的变化，而依靠想象来思考问题，得到的答案当然是"没有什么可以研究了"。只有深刻地把握中国复杂的社会实践，把握中国重大的政策变化，才会发现非常重要的问题。因此，从这个层面来说，"华中乡土派"对政策进行的一些反思也值得重视。一些重大政策出台前后，如何对这些政策进行辩论，包括贺老师的作品在内的很多政策评论文章，很有启发意义。

对于"华中乡土派"这一团队，以上三点基本共识是非常明显的。那么，为什么"华中乡土派"能够不断涌现出一大批青年才俊，用贺老师的话来说就是"凤凰一出出一窝"呢？其中的关键是团队的力量。任何人的发展，尤其从事社会科学研究，如果没有团队，可能连想做研究的愿望都没有。没有做研究的愿望，研究生求学就只是为了完成一篇学位论文，为了毕业求职而已。没有团队，就没有气场。只要存在气场，生活在团队里面，就一定会点燃你的愿望。比如我指导的一位学生，2014级研究生金江峰，在研二时，我让他参加团队的集体调查，后来他成长得非常快。在博士毕业之际，他在CSSCI期刊上发文将近10篇，很多期刊是我们学校认定的C类刊物。2021年毕业的2018级硕士研究生刘天文，已经参加过两次团队调研。之后，他与其他学校的同学建了一个微信群，他们每天都在关注彼此动态。所以，尽管他在这里是孤单的一个人，但因为有微信群，大家都在群里面讨论——这就是气场，他立志明年考博，而且我相信他一定能考上。因此，不论是谁，只要有机会进入团队，学术梦想都能被点燃。

"华中乡土派"的人才培养能取得一些成效主要有三个原因。

一是领头人有公心。且不谈影响力,没有影响力肯定无法建设学术团队。为了建设"华中乡土派",贺老师在人才培养上多少时间都愿意花,这就是公心。二是方法,单凭心意是不够的。方法就是对于刚进入团队的人,不要思考如何走,跟着前面的师兄师姐走就行了。因为实践已经证明这是一条成功的道路,大家都是这样走过来的。我 2002 年 9 月进入华中师范大学,贺老师是 2002 年 2 月进入的,我们到华师后就开始组织读书会。对自己没有自信没关系,但必须拥有一个团队,每个人每天都在读书,都在讨论问题,慢慢地一个人就会建立自信;自己找不到方法也不要紧,调研时,师兄师姐发挥"传帮带"作用,这就形成了一套良性的机制——每一个人从初入团队的懵懂,到后来慢慢地熟悉团队的理念与价值,并对团队的方法有一定的了解。所以,在团队里面,想偷懒只会让自己觉得很没有面子,不如自己退出算了。凡是坚持下来的,就一定能成功。在团队发展中,贺老师每年都有一个主题,如今年的主题是"呼啸着走向田野",只不过受新冠肺炎疫情影响上半年没有调研,但是下半年调研就非常多了。2021 年的主题是"调研创新"。在此过程中,贺老师也亲力亲为。三是广泛的阅读。如果"华中乡土派"拥有底色,那么其底色就是以经典为基础,将经验作为最大的特色。只阅读不调查,是白下功夫。阅读后去做调查,才是"华中乡土派"。曾经,应星称"华中乡土派"为朴素的经验主义者,所谓朴素的经验主义者就是指只有经验,但应星并不知道,包括贺老师在内的"华中乡土派"成员都坚持阅读经典。所以,"华中乡土派"是以经典作为基础,以经验作为特色,以创新作为动力的学术团队。

这就是"华中乡土派"的文章独具特色的原因。哪怕只是团队中的一位博士生写文章,尽管文笔还不太老练,但是文章里也会闪现创新的"火花"。不像现在的一些文章,既没有提出新概念,也没有进行新论证,完全都是老套的。因此,经典、经验是非常重要的。

二 《在野之学》内容解读

回到《在野之学》这本书，我为大家做一个简单梳理，因为今天的主题就是这本书。我经常对同学们说，我们不是做农村研究的，我们是做中国社会科学研究的。你不一定要以农村为研究对象。农村也好，城市也好，只是中国社会科学研究的领域而已。所以，华中村治研究从来都不是一个具体的研究，它是针对中国社会科学各个领域的大问题、真问题进行的研究。

这本书整体来看分三个部分：学术方法、学术立场和学生培养。为什么贺老师做如此编排？这或许可以看作贺老师对自己成长的一个概括。

第一部分是学术方法。一位学者进入学界面临的首要问题就是发表文章，正如李连江老师所说"不发表就出局"。所以"发表是硬道理"，不发文章就没有谈论学术的资本。贺老师刚进入学界时，在发表文章上一直是"高产"。当然，贺老师本人的勤奋程度是令人叹为观止的。我时常与同学们讲，贺老师大年初一都还在办公室写论文，国内学界能做到这一点的恐怕没有几个人。贺老师写作从来不用电脑，都是手写。他要写作时，通常会找一处僻静之地，在那里待一个星期专门进行写作。有的时候一个星期就写五六篇文章，甚至大半本书。因此，进入学界之初，贺老师一门心思发文章，没有时间去考虑一些深层次的问题。然而学术做到一定程度后，必然面临一个问题：为什么要写这些文章？刚才就有老师提到了这个问题。贺老师 1968 年出生，2002 年调入华中师范大学被评为正教授，是华中师范大学当时最年轻的正教授。1999 年之前，贺老师发表的文章并不多；2002 年后，贺老师发表的文章就很多了，每年都要发表大小文章十几篇甚至几十篇。

所以 2005 年后，贺老师就开始思考：发表这些文章的目的是什么？这些文章的意义何在？这就涉及学术立场问题。

贺老师的学术立场最初反映在《村治研究的共识与策略》①中，这篇文章写出了贺老师一些不成熟的想法。后来因为应星的批评，贺老师逐渐意识到了立场的重要性。所以自此之后，贺老师才开始真正思考学术立场问题，目的就是要建立具有主体性的中国社会科学，并以此作为"华中乡土派"的根本价值取向。之后，贺老师将学术方法和学术立场两者融会贯通。随着团队的壮大，学生也越来越多。经过不断的沉淀，贺老师总结提炼了学生培养的一些体会，这也是为什么贺老师最近两年的文章有不少是关于学生培养的。因此，在学生培养中融入学术方法、学术立场，便构成了这本书的主要框架。

刚才有同学问为什么这本书要取名《在野之学》？"野"有何内涵？有老师说是田野，这是一方面，我们做调查都要走向田野，正如贺老师所说的"呼啸着走向田野"，还有另外一个重要方面，这本书就是要回应如何去建构具有主体性的中国社会科学。当前世界的社会科学主流是西方的，这点毫无疑问。如何建构具有主体性的中国社会科学，这涉及社会科学研究的小循环和大循环。

贺老师提出"小循环"和"大循环"这一对概念，就是基于国际社会科学主流，甚至中国社会科学，都被西方社会科学所主导。政治学这一块可能好一点，像社会学、经济学、管理学中这个特点十分明显。所以，从目前中国社会科学所处的地位来说，我们是"非主流"的，是"在野的"。因此，必然存在中国社会科学同西方社会科学的竞争问题。实际上，社会科学的发展也是竞争性的。刚才有同学也讲了经验与理论之间的关系，对经验进行解释，可以进入很多理论，但是究竟进入哪一种？理论之间是存在竞争的，你用哪种理论可能都能解释，但是哪种更有效呢？

---

① 徐勇等：《村治研究的共识与策略》，《浙江学刊》2002 年第 1 期。

那就存在一个选择。大家都很清楚，社会科学对应的是人类无限丰富的实践，已有的社会科学所提供的只是一种参考、一种启发。我们如果要真正地去认识和解释并理解无限复杂的实践，既可以在已有的"工具箱"中寻找（但是不能局限于"工具箱"）还可以通过自己的努力去创新。西方社会科学的发展不正是这样的过程吗？亚里士多德在 2000 多年前对政体进行了分类，他的分类是唯一的吗？答案是否定的。后来人们对政体所进行的分类就复杂多了，关键在于不断地推进它。

方才有老师专门提了习近平总书记的讲话。我学习总书记的讲话后，专门写了一篇文章——《推进中国本位的经验研究》①。本土化的核心问题是什么呢？就是从哪里提问题，最后要到哪里去，核心就在于问题要根植于中国无限复杂的实践。中国的实践同外国的实践当然有一些共同点，但是否存在一些特殊之处呢？肯定存在！我们不能只看到共同点，更应该看到特殊的一面，特殊的一面就是中国的国情。所以，从哪里提问题是很重要的。然后，究竟要到哪里去呢？研究要回应什么问题？要达到什么目的？当然就是要回应中国伟大的实践，要去解释它，要去为中国伟大的实践提供智慧。

今天的中国正处于大变革、大发展时期，有自己的经验和自己的问题。这样一个时期，必将给理论创造、学术繁荣提供强大动力和广阔空间。中国的社会科学研究只有确立中国本位的问题意识，将中国正在经历的广泛而深刻的社会变革及其问题当作本体来研究，并以开放心态广泛吸取西方社会科学理论资源，才可能讲好中国故事，形成自己的概念体系，并构建起具有中国主体性的社会科学。中国本位的经验研究，就是要在中国经验中提问题，理解中国经验本身的逻辑，在大量的、长时段的中国经验研

---

① 罗兴佐：《推进中国本位的经验研究》，《华东师范大学学报》（哲学社会科学版）2017 年第 1 期。

究的基础上，逐步发展出能解释中国经验的概念和理论。

回到刚才提到的大循环和小循环。小循环很简单，就是从西方的理论当中去寻找问题，然后收集中国的材料或者是其他的材料，最后回应这个问题。举个简单的例子，阎云翔关于礼物的研究①。最早研究"礼物"的是马塞尔·莫斯，研究礼物是什么，礼物有什么功能。② 他认为礼物就是一种象征，一种互惠。阎云翔有关礼物的研究就是典型的小循环的代表，他以东北地区的一个村庄为个案，认为礼物不仅具有表达性功能，还有功利性价值，由此认为此项研究推进了莫斯的观点。这就是典型的小循环，即从一个理论或概念出发，最后回到这个理论或概念里去。

贺老师用了一个非常形象的比喻，就是中国社会科学发展不应该仅仅是在西方社会科学的大厦上"补玻璃"。比如说，西方社会科学是一幢大厦，现在已经安装了很多玻璃，但还有很多窗户没有安装玻璃，中国社会科学发展就是在这幢大厦上"补玻璃"。"补玻璃"就没有本土化，没有主体性——因为最后都回到西方社会科学的"大厦"里面去了。我们要回到中国无限丰富的实践中，只有对无限丰富的实践进行回应，才能够真正建立中国的社会科学。中国社会科学要是离开了中国无限丰富的实践，还能被称为中国社会科学吗？这就是所说的大循环。大循环就是从中国的实践中提问题，通过理论解释，并回到实践当中；在实践发展过程中，又提出新的问题，进行新的解释。所以，大循环是无限循环往复的，小循环则可能在某一点就终结，研究也就无法进行下去。

仍然以马塞尔·莫斯的研究为例。礼物是礼仪性的还是功利性的？莫斯认为礼物是礼仪性的，阎云翔认为礼物除了礼仪性还

---

① 阎云翔：《礼物的流动——一个中国村庄中的互惠原则与社会网络》，李放春、刘瑜译，上海人民出版社，2017。

② 〔法〕马塞尔·莫斯：《礼物》，汲喆译，商务印书馆，2016。

有功利性，然后还能继续研究什么？可能礼物还有第三种功能，只是直至现在还无人提出。因此，小循环是封闭的，就是从理论到理论。一旦出现上述例子中的情况，研究至少暂时是终结了，便无法再提问了。大循环则相反，因为实践是无限发展的。进行一段时间的实践后，我们可以创造一种新的实践形式，再提出新问题。所以，无限循环往复，这就是大循环。刚才有同学存在疑问，实际是没有真正把握住大循环与小循环的本质区别。贺老师有关这个问题的文章①最早发表在《探索与争鸣》，现在收录到了《在野之学》里。

三 经验是什么

部分同学可能认为自己今后不从事经验研究，甚至有同学今后就不做调查，既不做农村研究，也不做城镇研究。这部分同学可能就认为不读这本书没有什么大碍。事实上，少读几十本书都没有关系。但是，如果读了这本书，对于同学们来说，可以摸到经验研究的一些门道。

经验研究首先要理解"什么是经验"。很多同学去做调查了，收集了一大堆资料，这是经验吗？这是材料。写作并不是把一大堆材料进行堆砌，所以大家要注意经验不是材料。我们去做调查，总会收集一大堆材料。我以前认识一位博士生，做乡镇研究，从一个乡镇复印了几麻袋的资料回来，但是 90% 的资料都用不上。为什么经验不是材料？因为材料只是一些碎片化的现象，它们之间有没有联系、有什么联系，需要研究者去理解、去建构。所以经验不是材料。同时，经验也不是现象。同学们做调查，会看到很多现象，但是，无法进行研究，为什么？因为有些现象是稍纵

---

① 贺雪峰：《"大循环"：经验的本体性与中国社会科学的主体性》，《探索与争鸣》2017 年第 2 期。

即逝的，根本不值得研究。因此，要了解经验是什么，首先需要清楚经验不是什么。

经验是什么？经验是社会事实。社会事实是不同的现象之间所构建的总体性事实。刚才有老师谈到了机制研究，社会事实就不是片段，而是完整的一个事件。比如两人斗殴，这里的社会事实就包括两人之间原有的矛盾，两人发生争吵斗殴的原因，以及劝架、观看的街边路人等等。

经验还是什么？经验还是研究者的一种个体感悟。为什么在做调查的时候，部分同学只能收集材料，却没有任何感悟？因为只根据材料是不可能提出任何问题的，即使别人提出问题，自己也无法有效参与讨论。"华中乡土派"最重要的就是集体读书与集体调研，这是最关键的。所以每参加一次集体调研，都可以提出问题，进行写作。

"华中乡土派"的调研是团队性的。每个点调研20天左右，白天调查，晚上讨论。每3~5天，调研团队就集合在一起讨论一天。比如2019年，我带队到浙江省遂昌县调研，选择的是遂昌县某乡的三个村，大家吃住都在一起。白天分开调查，晚上各调研组内部集体讨论，每3~5天，三个村的调研组就集体讨论一天。经过一天的讨论，一方面可以发现大家有没有找到调研的感觉，另一方面也能为下一步的调研打开思路。

四　如何进行经验研究

经验是社会事实，我们要通过调研，将社会事实建构起来。材料是支离破碎的，经验是感悟，个人要对材料有理解。将这种理解概念化，探究现象之间的关联，这就是机制研究。机制研究就是寻找不同现象之间的关联，不断思考事物为什么如此发展，为什么此时是如此发展，背后的内在逻辑是什么，决定其发展的关键究竟是什么。所以在经验中提问题，在现象中找关联，这就是经验研究的精髓所在。个人提出的问题，一定是属于经验整体之中的。举一个例子，村庄生活是一个整体，如果不是在村庄整体中提问题，那么这一问题将毫无意义，你也就无法进行研究、进行比较。

为什么我们可以对村庄进行分类？就是因为村庄是一个整体，所有的现象都在整体逻辑之中。比如，为什么有的地方子女不孝的情况很普遍？为什么有些地方的老年人自杀率非常高，而另一些地方的老年人自杀率低，老年人的待遇非常好？如果从个人人品上去解释，这样的解释没有意义，因为每一个人都存在差异，不需要研究。要研究的是，其为什么具有普遍性？这就一定要在村庄整体中去提问。单从个人的角度提问题，无法进行研究。

对于什么是经验研究，贺老师这本书能为我们提供一些启发。第一，需要阅读一定数量的经典。没有阅读基础，没有一定的理论训练，调研是无法发现问题的。调研中提不出问题，关键原因在于理论基础不扎实，只有具备扎实的理论素养，才能在调查中提出有价值的问题。第二，需要有扎实的田野调查。仅仅走马观花，即使调查一万天都毫无收获。调查不仅仅是收集材料，更重要的是理解调查对象的生活逻辑。在一个具体的村庄，通过一定的调查，从个案调查到区域比较，再到类型研究，这就是基本的研究径路。贺老师的《南北中国：中国农村区域差异研究》① 就是建立在这一方法之上的。

社会科学的理论化一定具有一般性，并且是形式化的。没有一般性，不能算是理论，只能说是理论发展的一个阶段而已。实际上，无论是国内研究还是国际研究，政治学目前最需要做的就是经验研究。做研究必须有材料，社会科学一定是以材料为基础

---

① 贺雪峰等：《南北中国：中国农村区域差异研究》，社会科学文献出版社，2017。

的，不像哲学能够思辨。社会科学的研究首先要清楚研究什么问题；其次是从哪里获得材料，材料是否充分；再次是怎样使用材料；最后是理论建构。没有材料，或者材料不充分，就无法做出好的研究。

总之，经验研究需要研究者对自己生活以外经验的全面深入调查，并据此对经验的各个面向、经验的内在逻辑进行反复、深入、批判性理解。经验具有个体性、生活性、模糊性、自在性、自洽性和总体性特点。研究者只有形成厚重的经验质感，才能对研究对象进行深刻把握。要形成厚重的经验质感，必须经历饱和式调研，这是华中村治研究团队最具特色的调研方法。通过一定数量的实地调研，调研者就可以具有较好地把握经验的能力，懂得经验与实践的一般机制，形成经验质感。饱和式调研要求调查者保持开放性，抛开先入为主的成见，悬置僵硬的理论框架，用足够长的时间、足够高的热情，不厌其烦地反复“浸泡”在经验中，进入经验、体验经验、领悟经验。有了厚重的经验质感，研究者就可以把握经验的内在逻辑，发现经验中的意外，从而可以准确地提出问题，提炼概念，发展理论，获得解决问题的启示。

《法律和政治科学》（2021 年第 2 辑·总第 4 辑）

第 196～228 页

© SSAP，2021

制度与组织：一个综合性理论

——兼论新制度主义对法社会学的意义

吴剑峰*

【摘　要】　新制度主义源于经济学、政治学和社会学中的制度理论，以及心理学和人类学的相关研究。制度理论纷繁复杂，而斯科特试图使用一个综合性的理论框架整合早期的制度理论和新制度主义理论。斯科特划分了规制性、规范性和文化—认知性三大制度要素，并使用逻辑、能动性、载体及分析层次等范畴呈现新制度主义的分析方法与问题领域。斯科特的综合性理论给我们提供了新制度主义的理论地图，让我们更方便地参与新制度主义的对话。此外，在中国的法学研究中，新制度主义与法经济学展开了许多对话。但作为社会学重要理论的新制度主义却没能和中国的法社会学展开对话。从新制度主义对法律的关注、理论与实践的关系和理论自觉等方面来看，在法社会学内部推进新制度主义法学研究，大有可为的空间，而斯科特的综合性理论为此提供了一张理论蓝图。

---

*　吴剑峰，西南政法大学立法科学研究院助理研究员。

【关键词】 新制度主义；制度理论；组织研究；法社会学

引　言

W. 理查德（迪克）·斯科特 ［W. Richard（Dick）Scott］ 是一位组织社会学家，也是新制度主义学派的代表人物，目前是斯坦福大学社会学系、商学研究生院、教育学院与医学院名誉教授。斯科特在 1995 年写作了《制度与组织——思想观念、利益偏好与身份认同》一书，此书如今已更新到第 4 版，由姚伟等人翻译为中文。斯科特在这本书里试图厘清制度理论的主要内容，并试图在纷繁复杂的制度理论中总结出一个覆盖广泛的理论框架。斯科特归纳了经济学、政治学和社会学中的早期制度理论，以及制度理论与组织研究合流之后的新制度理论。为了厘清新制度主义的内容，斯科特提出了制度的三大基础要素：规制性要素、规范性要素和文化—认知性要素，并从制度逻辑、能动性、载体及分析层次等方面建构分析框架。斯科特还使用这一综合性理论讨论了制度的建立、制度化、制度过程和组织场域等问题。此外，随着法学与经济学、政治学和社会学逐渐交融，新制度主义对法学研究的影响也慢慢显现。因此，除了介绍斯科特的综合性理论外，本文还讨论了新制度主义对法社会学的意义，描述了新制度主义法学的可能性。

一　早期制度主义

新制度主义的主要研究对象是制度、组织以及二者的关系。但这一界定无法完全涵盖新制度主义的研究范围，要准确理解新制度主义就不得不梳理新制度主义的学术演变史。一个理论必定有其来源，"当下的行动者与事件在很大程度上是过去的活动形塑的"①。斯科特认为，新制度主义的理论来源于经济学、政治学和社会学三门学科。早期的制度主义者大概出现在 19 世纪中期到 20 世纪中期，他们的独特洞见为当代学者的制度研究提供了各种各样的思路，但他们很少把组织作为制度形式来处理，很少研究制度塑造组织的各种方式。

（一）经济学和政治学中的制度理论

在经济学的早期制度理论中，一个重要问题是"经济人"假设是否站得住脚？新古典经济学将人视为一种快乐与痛苦的快速计算器，但老制度经济学家认为现实中的人主要受社会制度的影响，人不仅是功利主义的行动者，其偏好和行为更主要是被文化、历史、共同的思维习惯和各种社会制度所塑造的。并且，老制度经济学家主张经济学原则应以事实为基础，而不应仅仅建立在抽象的、演绎的理论之上。② 老制度经济学家强调对经济现象的动态研究，认为经济是一种不断运动、变迁的过程，否定经济均衡的假设，因为他们发现现实中的经济现象是不均衡的。不过老制度经济学过于强调现实制度的特殊性，低估了理论分析的价值，他们的研究往往沦为幼稚的经验主义和历史相对论，他们有丰富的描述性材料，却没有自己的理论，因此老制度经济学的影响日益衰微。老制度经济学的代表人物有古斯塔夫·斯穆勒（Gustav Schmoller）、索尔斯坦·凡勃伦（Thorstein Veblen）、约翰·康芒斯（John Commons）、温斯特利·米切尔（Westley Mitchell）以及约瑟夫·熊彼特（Joseph A. Schumpeter）、卡尔·波兰尼（Karl

---

① 〔美〕W. 理查德·斯科特：《制度与组织——思想观念、利益偏好与身份认同》（第 4 版），姚伟等译，中国人民大学出版社，2020，第 1 页。

② 参见〔美〕W. 理查德·斯科特《制度与组织——思想观念、利益偏好与身份认同》（第 4 版），姚伟等译，中国人民大学出版社，2020，第 5 页。

Polanyi）等人。

政治学中的早期制度理论可追溯到托克维尔（Alexis de Toc-queville）的相关研究。托克维尔揭示了志愿团体对美国民主的重要促进作用，这其实是在分析民主制度背景中的组织运行问题。他认为，在19世纪，美国国家的暗弱使得自下而上的运动和社团纷纷涌现和壮大，公共领域得以形成，从而推进了美国的民主制度。美国的政治学者，如约翰·伯吉斯（John Willian Burgess）、伍德罗·威尔逊（Woodrow Wilson）与韦斯特尔·伍德伯利·威洛比（Westel Woodbury Willoughby）等人，则对民族国家的政治制度进行了规范性研究和道德哲学式的研究。政治学早期制度学派集中研究正式结构与立法系统，对特定政治系统进行复杂、烦琐的描述性说明，更倾向于道德哲学而非经验科学。他们认为政治制度是已完成的产品，因此只重视政治制度的过去，没看到政治制度的未来。自20世纪30年代中期以来，行为主义视角进入了政治学的研究领域。行为主义者主张政治学应关注权力的非正式分配、政治态度与政治行为，因此他们研究投票行为、政党的组建与公共舆论。行为主义后来得到了理性选择理论的支持，理性选择理论把经济学的假设运用于政治行为。行为主义理论和理性选择理论都假设了功利主义的个体行动者，他们都关注社会对政治系统的影响。不过行为主义理论和理性选择理论都过于强调个体的作用，忽视制度的作用，新制度主义正是在反对行为主义革命过度扩张的过程中出现的。

（二）社会学中的制度理论

社会学中的早期制度理论要比经济学和政治学中丰富得多。斯宾塞（Spencer）把社会视为一种不断进化的有机系统，这个系统由作为器官的各种制度子系统来维持。萨姆纳（Sumner）认为，"任何制度，都是由一种思想观念（概念、主张与利益等）和一种结构构成的"①。"思想观念"确定这种制度的目标和功能，而"结构"体现思想观念，并付诸行动。戴维斯（Davis）把制度界定为一套"围绕一种或多种功能而建立起来的、相互交织的社会民俗、民德和法律"②。这些功能主义视角的制度理论在今天演化成组织场域理论或组织部门思想。在一些持建构主义立场的社会学家看来，个体既是制度的原因，又是制度的结果。库利（Cooley）认为制度要通过个人之间的互动才能形成和维持。托马斯（Thomas）探讨了社会组织与文化、个性人格与个人行为之间的关系。布鲁默（Blumer）指出制度为人们的行为提供了框架，但人们必须通过符号性互动形成共同的意义，才能理解制度。比如，人们通过语言这种符号进行沟通，并形成对制度的认知。乔治·赫伯德·米德（George Herbert Mead）特别关注符号系统在创造社会时的作用，他认为人们在互动中，通过手势、语言等表达，在自我与他人中产生反应，从而创造了意义和自我。阿尔弗雷德·舒茨（Alfred Schutz）指出我们会逐渐卷入社会世界的大量关系中，我们会认识到"我们"与"他们"，但我们并非亲自了解和知悉"他们"或他人到底是谁、做了何事。我们认识社会是以"概化他人"的方式进行的。法国学者皮埃尔·布迪厄（Pierre Bourdieu）试图通过研究阶级利益群体在符号性斗争——某些集团为了能够把其知识框架和社会实在概念强加于他人之上的权力而进行的争夺——中表达自己利益要求的各种方式，来实现卡尔·马克思（Karl Marx）和埃米尔·涂尔干（Émile Durkhein）思想的综合。后来，迪马吉奥（DiMaggio）和鲍威尔（Powell）借用布迪厄的"场域"概念研究了那些塑造组织的制度过程的核心场所。彼得·伯格（Peter Berger）与托马斯·拉克曼（Thoms Luckmann）

---

① 〔美〕W. 理查德·斯科特：《制度与组织——思想观念、利益偏好与身份认同》（第四版），姚伟等译，中国人民大学出版社，2020，第 11 页。
② 〔美〕W. 理查德·斯科特：《制度与组织——思想观念、利益偏好与身份认同》（第四版），姚伟等译，中国人民大学出版社，2020，第 11 页。

是把早期的社会学制度研究与后来的组织分析的新制度主义联系起来的关键性过渡人物。伯格和拉克曼关注知识社会学，他们视所有"知识"为社会中的知识。他们主张，社会实在是一种人类的建构、一种社会互动的产物。他们强调，行动的产生和重复会逐渐在自我与他人中唤起稳定的意义，这就是制度化过程。制度分析的欧洲传统来源于马克思、涂尔干、马克斯·韦伯（Max Weber）和塔尔科特·帕森斯（Tallcott Parsons）①。马克思认为，物质世界才是真实世界，思想观念与意识形态是对物质实在的反映，人类在政治与经济结构中与自身发生了疏离和异化。马克思还认为"冲突、对立或矛盾是获得特定结构的必要条件"②。这一辩证法思想启发了后来学者运用经济与政治系统的辩证过程论来解释宏观制度变迁。总而言之，马克思最先强调了影响和作用于整个组织过程的外在社会因素的重要性，指出了外在环境与组织是由阶级关系和冲突建构的。涂尔干在最初认为，社会秩序是自利个体的无意识的聚合产物（社会唯名论），但他后来又强调那些为契约提供"非契约性要素"的集体的、规范的框架（社会唯实论）。涂尔干后期强调了（象征）符号系统、信念系统与"集体表象"对于社会秩序的关键作用。这些符号系统尽管是人类互动的产物，但又逐渐"结晶化"，对个体产生外在的强制作用。对于涂尔干而言，这些符号系统——知识、信念与"道德权威"系统——就是社会制度。马克斯·韦伯对制度理论的贡献更为重要。韦伯未使用过"制度"一词，但其著作的重点就是理解习惯、风俗、法律等文化规则如何确定社会结构与支配社会行为。比如，传统型、魅力型与法理型三种权威系统就为权威实施提供

---

① 帕森斯是美国社会学家，但他在 1925 年就读于德国海德堡大学。此外，帕森斯也受欧洲社会学家帕累托、涂尔干、韦伯和经济学家马歇尔等人的学术思想的影响，因此斯科特认为帕森斯的社会学思想也是一种欧洲传统。

② 〔美〕W. 理查德·斯科特：《制度与组织——思想观念、利益偏好与身份认同》（第四版），姚伟等译，中国人民大学出版社，2020，第 13 页。

了不同的合法性信念。韦伯在形成他的经济社会学的过程中，认为经济学需要补充更多的历史知识和信息，但与老制度经济学者不同，韦伯还重视归纳一般性理论模型的价值。理论模型可以指导比较研究，让学者取得丰硕的成果，但不要将理论模型误解为真实的存在。与传统经济学的"经济人"假设不同，韦伯不认为"经济人"假设能在任何条件下适用。现实中的人不仅仅只有功利性的理性，而是存在几种理性。韦伯归纳了三种理性：工具理性、价值理性与传统理性。这一思想给后来的学者提供了很大帮助，新制度主义理论就认为社会各领域以及各种组织，实际上包含了关于理性行为的多重的、竞争性的概念，也就是包含各种不同的制度逻辑。美国社会学家帕森斯的理论也具有很大的影响力。帕森斯强调规范系统独立于具体社会行动者而存在，而行动者则以共同规范和价值观作为行动指南，这样规范系统就内化在行动者的人格上，行动者也就能进行制度化的行为。帕森斯视制度为"调节个人之间的关系"和"界定个人之间的关系应该是什么"的规范系统。[1] 帕森斯还对规范进行了类型学划分，而这些规范都是为了解决社会的四个问题即适应（Adaption）、目标获得（Goal attainment）、整合（Integration）与延续（文化模式维持，Latency pattern maintenance）问题的，也即所谓的"AGIL模式"。

二 新制度主义

（一）制度理论与组织研究的合流

新制度主义不同于早期制度主义的一大特点是新制度主义将制度理论与组织研究进行合流。20世纪70年代以后的制度思想被

---

[1] 〔美〕W. 理查德·斯科特：《制度与组织——思想观念、利益偏好与身份认同》（第四版），姚伟等译，中国人民大学出版社，2020，第17页。

视为"新制度主义"，但在此之前，我们还有必要讨论新制度主义产生之前的过渡阶段，新制度主义的过渡阶段描述了组织研究与制度理论共鸣的过程。

组织研究兴起于 20 世纪，主要人物有泰勒（Taylor）、法约尔（Fayol）、西蒙（Simon）、切斯特·巴纳德（Chester Barnard）和梅奥（Mayor）等人，他们主要是工程师和管理人员，大多强调组织的技术性和工具性特征，基本上没人讨论组织的外在社会和文化环境。20 世纪 40 年代至 70 年代，出现了将组织和制度联系起来的研究。第一个流派是哥伦比亚学派，代表人物有默顿（Robert K. Merton）和塞尔兹尼克（Philip Selznick），他们发展了韦伯的科层制理论。默顿认为，有目的的行为会产生意外后果。他发现，科层组织的纪律会让官员过于看重规范带来的压力与要求，而这些压力与要求导致了官员们的死板僵化、形式主义。塞尔兹尼克深受默顿的影响，他研究了田纳西河谷管理局的历史演变，指出该管理局设立之初的结构和目的在长期的历史过程中因为该管理局参与者所持有的价值观的改变而改变，也因该管理局的资助者施加的压力而改变。这表明，我们的行为会产生各种后果，一些后果是按计划出现的，一些后果则出乎我们意料，社会行动要受到它们所处背景的影响。组织的行动者对制度（如法律与道德）表示忠诚，使得组织得以维持下来，这样组织获得了身份，形成了具有人格特征的价值观。塞尔兹尼克的学生亚瑟·斯廷施凯姆（Arthur Stinchcombe）对制度的代理人及其权力的作用进行了深入的分析。他认为，组织是一种结构，在其中有权力的人们效忠于某些价值观或利益，组织的制度化意味着组织的稳定性，而权力占有者会使用各种方式保持权力，如控制任职资格和条件、英雄崇拜等。

第二个流派是芝加哥学派，代表人物有艾弗里特·休斯（Everett Hughes），他们把制度研究与现代社会组织方式研究结合在一起。休斯将制度界定为"一种相对稳定持久的、独特的社会类别的确立"①。休斯认为，制度存在于互动个体的承接传递的行为中。对休斯来说，组织具有开放性和不确定性，组织一直处于持续运行当中，因此"组织化"和"制度"等词语可能具有误导性，限制了对组织更具开放性的研究。

第三个流派以帕森斯为代表。帕森斯认为，社会中的规范结构具有给组织的存在提供合法性的作用。例如，学校让自己的目标与教育目标相符，通过使学校结构、程序符合规范的运行模式而获得合法性。帕森斯还认为，在不同功能部门中运行的组织，是根据不同的价值而合法化的，受不同的律令与规范框架的支配。同时，价值系统也存在分层，组织符合更上层、更受尊敬的价值，就能获得更多的社会资源。帕森斯还划分了三种组织层次：技术层次的组织关注生产活动；管理层次的组织强调控制协调、资源获取和产品处理；制度层次的组织关注组织与共同体、社会规范和习俗的联系。

第四个流派以卡内基技术学院（现在的卡内基－梅隆大学）的赫伯特·西蒙（Herbert Simon）为代表。西蒙最著名的观点是"有限理性"。在传统经济学中，行动者总是具有完全理性，完全知道经济行动的手段及其结果，仿佛不会犯错。但西蒙认为，个人理性是受到组织结构的影响的。组织赋予个人成员资格，期待个人接受组织的价值偏好并指导其决策；组织通过组织规则、程序和习惯、惯例向成员灌输手段—结果之间关系的信念。西蒙和马奇（March）认为，组织会影响和形塑参与成员的行为方式。组织设置了行动者的"搜寻程序"，行动者看似完全理性的选择其实被组织的程序所限定，这些程序让行动者的决策过程大大简化。实际上行动者很少做出选择，是制度通过组织程序

---

① 〔美〕W. 理查德·斯科特：《制度与组织——思想观念、利益偏好与身份认同》（第四版），姚伟等译，中国人民大学出版社，2020，第28页。

为行动者做出选择。

（二）新制度主义的诞生

讨论完制度思想的历史演变后，新制度主义终于可以登场了。斯科特把新制度理论的创立归为四个研究领域的贡献：经济学、政治学、认知心理学与文化人类学和社会学。

1. 新制度主义经济学

首先讨论新制度主义经济学。有学者将西蒙的有限理性研究、科斯（Coase）的交易成本与产权研究、受哈耶克（Hayek）影响的现代奥地利学派的研究、熊彼特关于创新的研究、尼尔森（Nelson）和温特（Winter）的演化理论等，统统纳入新制度经济学的范畴。① 斯科特主要介绍了交易成本经济学、博弈理论、演化经济学和资源基础理论。科斯提出一个问题：为什么某些经济交易不直接进行或根据市场价格机制来进行，而要在由规则与等级制构成的治理结构即公司中进行。科斯认为，这是因为采用市场价格机制需要成本费用，即为了市场中的每次交易而进行谈判并缔结单独合约的成本和费用。直到 20 世纪 70 年代，科斯这一思想才得到奥利弗·威廉姆斯（Oliver Williamson）的详细阐述。威廉姆斯认为，当有限理性个体面临复杂与不确定的环境时，以及当机会主义（如某些行动者出现欺骗的倾向）与缺少可选择的交易伙伴同时存在时，市场交易成本将大大增加，交易会从市场中退出，而进入组织框架。威廉姆斯关注的是作为一种制度形式的组织，即设计用来降低交易成本的治理系统，组织必须考虑产权、法律、规范与传统等背景条件。道格拉斯·诺斯（Douglass North）研究的是文化、政治与法律框架的起源，他认为组织是一种试图设立策略以赢得博弈的"博弈者"。博弈理论认为制度是一种均

① 参见〔美〕W. 理查德·斯科特《制度与组织——思想观念、利益偏好与身份认同》（第四版），姚伟等译，中国人民大学出版社，2020，第 32 页。

衡现象。博弈理论研究的是个体策略行为的情景，认为每个人的行为结果都要取决于其他博弈者的选择。埃利诺·奥斯特罗姆（Elinor Ostrom）应用博弈理论对各种制度结构进行了研究，并关注各种行动情景中的实际使用规则。她认为，制度系统在各种不同层次上运行：操作性规则在日常生活中影响日常决策；集体选择规则确定谁可以合法参与决策与使用何种规则；立宪选择规则是一种根本规则，规定人们能够建立和利用哪些更具体的规则。阿夫纳·格雷夫（Avner Greif）指出，很多规则并不会被遵守，很多信仰不会影响那些宣称信奉这种信仰的人的行为，因此，我们应该更关注那些内生性制度，即那些自我强化的制度。倪志伟（Nee）对中国与苏联市场经济转型的差异进行了分析。苏联采取的是一种正式的、自上而下的路径，中国则采取了自下而上的渐进式策略，把参与政治与经济活动的行动者的利益更紧密地捆绑在一起，获得了更大的成功。尼尔森和温特代表了新制度经济学中的演化经济学，他们支持一种类似生态学模型的公司演化理论，把公司的"惯例"等同于植物或动物的基因。为了生存，一个公司要不断再生产和修正其惯例以适应环境的变化。公司的成功或许能归功于该公司原先所累积的知识和能力，但这些知识和能力很可能不能适应未来的环境变化。比如，诺基亚公司所创造的手机既廉价又实用，为公司带来巨大收益，但随着平板手机时代的到来，公司受到工厂与部门制作销售按键手机的知识的拖累，反而无法适应新环境。资源基础理论强调组织行动者策略性地管理他们所控制的资源的可能性。伊迪丝·潘罗斯（Edith Penrose）认为公司拥有的最重要的资产，就是资源（包括工人技能）的专业性使用。杰伊·巴尼（Jay Barney）和戴维·蒂斯（David Teece）等学者进一步推进这一思想。他们认为，公司的竞争优势源于公司控制了有价值的、稀缺的、无法完全模仿的和不可替代的资源与能力。资源基础理论家们认识到组织之中的制度化要素的存在及其重要性，并指出组织领导者必须培养现有能力和设计新的体制结构，以应对不断变化的挑战和机遇。

2. 历史制度主义与理性选择理论

在政治学这门学科中，斯科特关注的是历史制度主义与理性选择理论。历史制度主义者关注政治体制的性质，研究这些结构影响冲突的特征、结果和方式，强调这些结构是如何在行动者之间分配权力的，以及是如何影响或塑造行动者的利益观念的。一些历史制度主义者认为个体的偏好并不稳定，他们认为是制度建构和约束了行动者，并为行动者赋权，从而影响了个体的利益偏好。历史制度主义者指出，政治并不中立，政治系统是各种利益群体彼此竞争的空间和领域。政治系统虽然是个体建构的，但个体并不能确定政治系统符合个体原先的意图。理性选择理论者包括特里·莫伊（Terry M. Moe）、肯尼迪·谢普斯勒（Kenneth A. Shepsle）、巴里·温格斯特（Barry Weingast）和戈登·图洛克（Gordon Tullock）等学者。理性选择理论者视制度为统治或规则系统，利益个体有意识地建构了这些统治或规则系统。该理论把经济学新制度主义（交易成本理论和代理理论）运用到政治系统的研究中。政治学与经济学的一些问题是相通的，比如，为什么公共组织会存在？如何解释公共组织的不同结构和治理机制？民选的政治官员作为"委托人"，如何才能控制他们的科层"代理人"？政治制度对于政治行为和社会行为有什么影响？政治家寻求其权力地位的机制是什么？理性选择理论者认识到，在政治现实中，社会选择并不混乱，反而十分稳定，这是因为制度起到了重要作用。比如，立法过程之所以稳定，是因为立法程序和成员结构建构了其成员可能的选择。当然政治不同于市场，政治行动者不能进行自由的市场交易，而要在规则框架内决策，而且因为缺少价格测量工具，政治比市场更黑暗，政治运作程序是不透明的，政治目标是不可度量的。理性选择理论者强调制度的微观基础，认为制度是设计出来的，目的是解决集体行动难题，个体偏好是固定的。历史制度主义者更强调宏观视角，认为制度是演化生成的，并影响个体的偏好与行为，他们认为个体偏好随情境变化而变化。

3. 认知心理学与文化人类学

认知心理学与文化人类学是关于生理层面和潜意识层面的研究。早期认知理论关注"热的"认知因素（如愤怒或恐惧），后来认知理论关注"冷的"认知因素（如注意力与背景假设），认为这些"冷的"认知因素影响日常的信息处理行为以及对问题的解决。认知理论把思维或人脑视作计算机，思维或人脑能够记住输入的信息，然后对其转化或运输，进而形成某种反应。这样产生的问题是：人脑这一计算机的"操作系统"或"软件"是什么？这些软件是在人脑中预先装好的，还是在社会行动中才被装进人脑的？涂尔干、米德、帕森斯和布迪厄等学者认为"智力框架"是由社会结构在个人出生后才提供给个人的。但还有很多心理学家认为，婴儿绝对不是一张白纸，相反，他们一出生就具有对空间、数字、因果关系等概念的认知以及语言本能。与此相关的问题是，个体的思考过程是否遵循某种逻辑结构（脚本）？相关研究指出，人们在遇到相似情境时，会触发原先存在的"脚本"，而"脚本"规定了面对相似情境的可能行动。认知理论的另一重要问题是：个体具有理性的基本认知能力吗？认知是由偏见构成的吗？特维尔斯基（Tversky）与卡尼曼（Kahneman）指出了个体在评估信息与得到结论的过程中存在可能导致决策错误的大量偏见，这些偏见是由于过度应用简单策略和忽视情境性因素导致的。在文化理论中，人类学家弗朗茨·博厄斯（Franz Boas）提供了奠基性的研究。他强调人类文化的可塑性，认为人具有无限的可能性。阿尔弗雷德·克罗伯（Alfred Kroeber）与克莱德·克拉克洪（Clyde Kluckhohn）认为，文化包括那些源于历史的和人们所选择的外显与内隐的思维模式，以及其在制度、实践与人工器物中的体现。① 克利弗德·格尔茨（Clifford Geertz）认为，人类是一种社会动物，悬浮于自己所编织的意义之网中，而文化就是这些网，文化是由社会确立的意义结构组成的。美林·唐纳德（Merlin Donald）提出协同演化观，认为人类的认知能力与发展起来的文化相互支持着向前演化。唐纳德认为，人类文化经历了从散乱的认知—模仿性认知—语言的使用—理论性的文化等发展过程。文化理论家强调符号系统的重要性，他们认识到，符号不仅有意义，还有情感。比如，托克维尔就认为美国公民深受其文化精神的指引。罗伊·德安德雷德（Roy G. D'Andrade）指出，思想、感情和意图都由符号系统激活，因此是符号系统的一部分。德安德雷德断言任何社会类型及其情境中的意义、行动者和行为，首先是情感性的，符号的刺激（如表达感谢、道歉、诅咒的语言或手势）会引起情感性反应（愉悦、伤心或愤怒）。文化具有稳定社会的作用，但文化也能导致社会变迁。在变革时期，文化就像一个"工具箱"，原先具有稳定社会作用的工具，在变革者手中变成了锐利的武器。

4. 组织社会学的新制度主义

社会学（尤其是组织社会学）对新制度理论贡献更大。组织社会学学者借鉴了心理学、人类学和社会学内部的常人方法学中的诸多新研究。舒茨和伯格等学者把现象学引入社会科学，强调对符号的意义进行深入探讨，关注的是文化中的共同知识和信念系统。社会学新制度主义对文化理论的发展在于：社会学新制度主义主张符号不仅是内在的信念，而且也是外在的框架。所以他们关注更容易观察的行为，比如口头语言的发声、仪式、编码化的知识和文化性的人工器物，而不是在人内心深处的情感。伯格

---

① 参见〔美〕W. 理查德·斯科特《制度与组织——思想观念、利益偏好与身份认同》（第四版），姚伟等译，中国人民大学出版社，2020，第46页。

与拉克曼提出了意义建构的三大阶段：在外化阶段，社会互动产生了符号结构，符号结构成为互动参与者的共同知识与信念；在客观化阶段，符号结构逐渐成为互动参与者的对立事实，成为"外在于那里"的物；在内化阶段，客观化的世界在社会过程中再次投射到意识之中。这三个阶段就是"制度化"过程。哈罗德·加芬克尔（Harold Grafinkel）创造了"常人方法学"一词。常人方法学指的是某些场合中的参与者形成和获得的，关于在这个场合中如何行动的"常人知识"。常人方法学关注工作环境中的行为，或者行动者如审判员从事某些集体任务时的行为。这些研究的主要问题是行动者如何理解所处情境的意义，如何集体地建构使他们能够处理各种要求的规则与程序。在组织分析领域，戴维·斯维尔曼（David Silverman）把新制度理论引入组织研究。他批判主流的组织模型过于关注稳定、秩序和系统的维持。斯维尔曼提出了组织行动理论，关注意义系统与组织在社会运行中被建构和重构的方式。斯维尔曼主张意义不仅仅在个人思维中运行，也存在于客观"社会事实"中，组织环境不仅是一种资源供应仓库和输出目标，还是组织成员的意义之源。布迪厄也对主流组织模型有所批判，但他使用的是"社会场域"这一概念。布迪厄强调社会场域的争斗性质，以及权力在解决争斗中的重要作用。布迪厄强调文化规则内化的重要性。他的惯习或习性概念，是指身体中存在的一种"持续性的、可以调换的"性情倾向，这种性情倾向整合了过去的经验，在每一时刻都起到理解、评价和指引行为目的的作用，[①] 并使个人能够在各种情境中建构他们自己的行为。在斯维尔曼和布迪厄的理论之后，第三种新制度理论影响更大。约翰·迈耶（John Meyer）与布莱恩·罗恩（Brian Rwan）、迈耶的学生琳妮·朱克尔（Lynne G. Zucker）同时在 1977 年发表的两篇论

---

① 〔美〕W. 理查德·斯科特：《制度与组织——思想观念、利益偏好与身份认同》（第四版），姚伟等译，中国人民大学出版社，2020，第 52 页。

文，把新制度理论引入组织社会学研究中。迈耶和罗恩把制度视为一种文化性的规则复合体，他们强调"被理性化"的信念的重要性。理性化的动力包括职业、民族、国家和大众媒体，它们促进了更大量、更多样的组织出现。文化规则的日益理性化为组织建构了一个先在的、独立的基础。迈耶和罗恩强调宏观制度环境变迁对组织形式的重要影响，朱克尔分析的是制度的微观基础。朱克尔强调认知性信念对行为的支撑和锚定作用。此后不久，迪马吉奥、鲍威尔、迈耶和斯科特又为组织社会学的新制度理论做出非常重要的贡献。迪马吉奥和鲍威尔区分了制度扩散的三种机制——强制、模仿和规范机制。他们认为，组织的结构同形（相似），既是竞争过程也是制度过程的重要结果。迈耶和斯科特提出，所有组织都受到技术因素的影响，又受到制度因素的影响，但是其中某种因素对组织类型的影响更为强烈。这四人都把组织"场域"或"部门"确定为一种新的分析层次。

三　新制度主义的分析框架

（一）三大制度要素

之所以要长篇累牍地介绍新制度主义的理论演变过程，是因为斯科特的综合性理论建立在上文所说的各种理论基础之上。只有了解了以往制度理论的不同旨趣，才能理解斯科特综合性理论的内容与价值。斯科特认为，制度包括规制性、规范性和文化—认知性要素，这些要素为社会生活提供各种资源，也为人们提供稳定性和意义，从而使人们得以展开各种活动。① 表1列出了制度的三大要素之间的区别与联系。

---

① 参见〔美〕W. 理查德·斯科特《制度与组织——思想观念、利益偏好与身份认同》（第四版），姚伟等译，中国人民大学出版社，2020，第58~59页。

表 1　制度的三大基础要素的比较

项目	规制性要素	规范性要素	文化—认知性要素
遵守的基础	出于自利	社会责任	视若当然的、共同的理解
秩序的基础	规制性规则	约束性期待	建构性的图式
扩散机制	强制	规范	模仿
逻辑类型	工具性	适当性	正统性
重要指标	规则、法律、奖惩	合格证明、资格承认	共同信念、共同行动逻辑、结构同形
情感反应	内疚/清白	羞耻/荣誉	确定/惶惑
合法性基础	法律制度	道德支配	可理解、能认可的文化支持

资料来源：〔美〕W. 理查德·斯科特《制度与组织——思想观念、利益偏好与身份认同》（第四版），姚伟等译，中国人民大学出版社，2020，第62页。

　　规制性要素强调明确的、外在的各种规制过程——规则设定、监督和奖惩活动。规制性过程既可以通过非正式机制运行，如实施羞辱性、回避性活动的社会习俗，也可以通过正式化机制运行，如设置和安排警察与法院等专门机构。经济史学家诺斯就强调更加正式化的控制系统。诺斯认为，制度运行的实质内容之一，就是确保违反规则与律令者会付出沉重代价，受到严格处罚。虽然规制性规则具有压制和约束的一面，但规制性规则对行动者也具有使能（enable）和赋权作用，如许可行动者采取某种行为、获得特殊权利和收益。规制性要素的制度逻辑是工具性逻辑。个人或组织之所以遵守规制性规则，是因为他们都是在追求自己的利益，即工具理性地、自利地行事。理性选择理论主要围绕规制性要素的工具性逻辑展开研究。个人与社会规制机构之间的不同关系会导致不同的情感反映。在面对以国家暴力为后盾的规制机构时，个人要么会产生恐惧、敬畏和内疚的体验，要么会产生宽慰、无辜和沉冤得雪的体验。斯科特认为，经济学的代理理论属于规制性要素的研究范围。① 代理理论的问题是，如何有效监督合约的实施效果。经济学家认为应该由中立"第三方"来监督和实施，而政府就是这样一种中立"第三方"，但政府也有自己的利益，所以他们不一定真正地"中立"。组织需要合法性（即社会的认可、接受和信仰）才能生存和发展。规制性要素强调遵守规则是合法性的基础，认为合法组织是那些根据相关法律与准法律要求而建立和运行的组织。

规范性要素针对的是社会生活的规定性、价值评价性和义务责任性层面。规范系统包括了价值观和规范，价值观为人们设置了判断事物值得优先追求的标准（即目标），规范规定了追求价值目标的合法手段（即手段）。有些价值观和规范可适用于所有人（如共同价值观），有些价值观只能适用于特定人群（如法律职业伦理）。规范系统给行动者以信仰与期待。在组织内部，往往是组织支配者持有这种期待，此时组织参与者就会在这种期待下感到一种压力。参与者按照这种期待行事时，角色就出现了，组织的规范系统也得到再生产。规范系统既限制人们的行动，也赋予人们以权力。休斯认为，如果规范允许行动者进行禁止常人实施的、致命的活动，那么行动者可能会对别人进行密切的身体检查和监视，甚至判处某人死刑。斯科特认为，从涂尔干到帕森斯和塞尔兹尼克的早期社会学家，大多持有规范性制度概念。② 他们研究血亲群体、社会等级阶层、宗教系统和制度类型，而这些制度存在着共同的信仰和价值观。马奇和约翰·奥尔森（Johan P. Olsen）也持有规范性制度概念，他们认为行动者是按角色期待行事的，行动者并不首先考虑利益，而是考虑当下情境给行动者赋予的责任与义务。这种不考虑利益，而考虑责任与义务的逻辑

---

① 参见〔美〕W. 理查德·斯科特《制度与组织——思想观念、利益偏好与身份认同》（第四版），姚伟等译，中国人民大学出版社，2020，第64页。
② 参见〔美〕W. 理查德·斯科特《制度与组织——思想观念、利益偏好与身份认同》（第四版），姚伟等译，中国人民大学出版社，2020，第67页。

便是适当性逻辑。一般来说，法律执行机构的强制行为证明了规制性制度的存在，而专业协会等标准制定机构的鉴定和认证证明了规范性制度的存在。当违背规范时，人们会感到羞耻，进而懊悔或自责。当遵守规范时，人们则感到骄傲与荣耀，进而更加有自尊。帕森斯认为共同的规范与价值观对稳定社会秩序具有重要作用。斯廷施凯姆认为制度的真正力量在于总是有某个人真正关心和看护着组织，以使组织符合各种标准并获得回报。赫洛克（Hunlock）认为，人类的生活总是要牵涉道德问题的，道德是人类生活中不可或缺的层面。在合法性基础方面，规范性要素强调合法性背后的道德基础。

文化—认知性要素强调的是人们关于社会实在性质的共同理解和认知框架。斯科特认为，格尔茨、玛丽·道格拉斯（Mary Douglas）、伯格、戈夫曼、迈耶、迪马吉奥、鲍威尔等学者的研究都属于制度的文化—认知性层面。这些学者认为，在外部世界刺激与个人集体反应间起中介作用的，是个体内部关于世界的系列符号性表象。人们运用符号（词语、标志与手势）进行互动，从而赋予客体或活动以意义。心理学研究表明，认知框架影响了信息处理活动的整个过程，即参与了决定注意何种信息，如何对信息编码、保存、回忆、组织并使之成为记忆，到如何理解信息的整个过程，进而影响评价、判断、预测和推论。文化理论学者认为，文化不仅是主观信念，也是被行动者视为客观外在的符号系统。斯科特使用"文化—认知"一词，就是想强调"内在的"理解过程是由"外在的"文化框架塑造的。[①] 文化—认知性要素具有建构性功能，各种符号性过程，在最基本层面上对社会现象起着建构作用，界定社会行动者和社会行动的性质和属性。文化框架能渗透并塑造个人信仰，个人当然也可以能动地改造外在的

---

① 参见〔美〕W. 理查德·斯科特《制度与组织——思想观念、利益偏好与身份认同》（第四版），姚伟等译，中国人民大学出版社，2020，第 70 页。

信仰系统。文化—认知性要素通常不像规制性要素和规范性要素一样需要日常维护，文化—认知系统不需要通过仪式巩固，也不需要象征符号来彰显。因为人们很难想象得到要通过什么方式来维护文化—认知系统或做点别的什么事，我们之所以遵守惯例，是因为我们理所当然地认为这些惯例是为人处世的恰当方式。这种行为逻辑便是正统性逻辑。当与主流文化信仰相亲和时，我们会有确定性、相信等积极情感，更能感受到自己的能力和重要。当与主流文化信仰相背离时，我们会有困惑和迷失方向等消极情感，我们或许会被认为是无知的，或许会被认为是疯子或异端。来自文化—认知性要素的合法性是一种最深层次的合法性，这种合法性源于前意识的、被视若当然而接受的各种理解或认知框架。

（二）逻辑、能动性、载体及分析层次

1. 制度逻辑与组织

制度逻辑解决的问题是：组织并非在人类历史一开始的时候就存在，很多制度实际上并不利于组织的产生和发展，到底是什么制度逻辑促成了组织的产生？早期的研究强调规制性与规范性的制度框架。比如，韦伯指出要形成一种合法秩序，需要有意识地制定系统的理性规则来支持工具理性行动。后来很多理论家强调文化—认知系统对组织的支持作用。比如，迈耶描述了为建立正式组织提供基础的各种文化要素（"理性神话"）等。这些主张都体现了一种理性化的世界观。他们认为，组织先确定自己的目的，然后设计各种规则性的原则，用来支配各种活动，进而追求其目标。[①] 理性化过程导致组织的出现，这些组织有自己的身份、利益和行动能力。弗利兰德（Freeland）等人还提出其他竞争性的理性化模式。例如：资本主义社会逻辑，强调人的活动的商品化

---

① 参见〔美〕W. 理查德·斯科特《制度与组织——思想观念、利益偏好与身份认同》（第四版），姚伟等译，中国人民大学出版社，2020，第91页。

和资本的积累；民主社会的逻辑，强调平等与参与；家庭的逻辑，强调无条件的忠诚；宗教的逻辑，强调认识论、来世论和道德之类的事情。帕特丽夏·桑顿（Patricia H. Thornton）等人概括的理性化制度逻辑包括了家庭、宗教、国家、市场、职业、公司和共同体制度逻辑。这些研究发现，组织或个人日常生活中所遭遇的紧张与冲突，主要是源于各种制度逻辑适用范围之间的争执。如家庭与公司之间就存在着冲突的制度逻辑，一个人很难既完美符合公司逻辑，又很好地兼顾家庭逻辑。制度逻辑在时空上也存在差异。比如，西方的个人和公司等社会行动者的自主权和独立性比东亚社会要大得多，这就是个人主义与集体主义的差别。西方人认为通过关系网络展开经济行动会导致裙带主义，而东方人认为这十分正常，也不可避免。

2. 能动性与制度

能动性问题讨论的是，个人在面对结构性与文化性制约时，是否具有能动性？个人的能动性有多大？能动性指的是行动者具有影响社会世界的能力，有的学者强调制度制约的一面，如迈耶、罗恩、迪马吉奥、鲍威尔和斯科特等人；有的学者强调个人发挥能动作用的一面，如奥利弗和克里斯滕森等人。在强调能动性方面，比较著名的理论是吉登斯的结构化理论。吉登斯认为，社会结构既是社会行动的产物又是社会行动的平台。个体行动者进行实践，这些实践在一些方面受到既有社会结构的制约，但同时又受到社会结构赋权。吉登斯的结构化理论还认为，行动者在参与社会结构的持续生产和再生产时，会创造、遵守规则并利用资源。结构化理论告诉我们要更加关注"制度的运行"问题，因为行动者会以各种方式创造、维持或破坏制度。

3. 制度的载体

制度载体的作用在于承载、体现、实施、传递和宣传各种制度要素。但制度载体的运作不是中立性的，其会影响制度信息的性质以及制度信息被接受的方式。斯科特认为，制度的载体可以分为四种：符号系统、关系系统、活动与人工器物（见表2）。①

表2　三大制度要素及其载体

载体	三大制度要素		
	规制性要素	规范性要素	文化—认知性要素
符号系统	规则、法律	价值观、期待、标准	范畴、典型、图式、框架
关系系统	治理系统、权力系统	政体、权威系统	结构同形、身份
活动	监督、惩罚、干扰	角色、岗位、习惯、集体行动	预定脚本
人工器物	遵从强制规定的物体	符合惯例、标准的物体	拥有象征性价值的物体

资料来源：〔美〕W. 理查德·斯科特《制度与组织——思想观念、利益偏好与身份认同》（第四版），姚伟等译，中国人民大学出版社，2020，第99页。

制度主义者认为象征符号主要包括行为的规则、价值观、规范、分类、表象、框架、图式、原型和脚本等等。最典型的象征符号就是口头语言和书写文字。口头语言创造了神话文化，书写文字的发明扩大了文化传播的范围。古希腊的政治组织建立在口头的讨论上，而古罗马的帝国组织则建立在以视觉为基础的文字交流上。当然，不同的学者关注不同的象征符号。关注文化—认知性制度要素的研究者，强调共同范畴、特性和原型在影响和塑造感知与理解方面的重要性；关注规范性制度要素的研究者，强调作为行为导向的共同价值观和规范性期待的重要性；关注规制性制度要素的研究者，强调惯例、规则以及法律的重要作用。

关系系统也可能承载制度，其方式是依靠角色之间的互动。关系系统可以跨越组织的边界，行动者依靠自身的关系网络可以获知组织外部的信息。关注文化—认知性制度要素的学者，往往

①　参见〔美〕W. 理查德·斯科特《制度与组织——思想观念、利益偏好与身份认同》（第四版），姚伟等译，中国人民大学出版社，2020，第98页。

强调组织的结构模式。分类与类型常常被编码并进入组织结构之中，如大学中被编码的知识系统，促进了不同学院和研究机构的形成。关注规范性与制度性制度要素的学者，认为关系系统是一种"治理系统"，强调这些结构的规范性（权威）层面或强制性（权力）层面，并认为这种治理系统会创造和实施律令、规范和规则，监督与制裁参与者的各种活动。

有一些学者把活动作为研究的重心。早期关于组织和制度的研究，主要是强调重复性的活动，即习惯性活动与惯常性活动，认为它们为秩序与连续性提供了基础。在社会运动理论的影响下，最近的研究认为制度研究应考虑建构新制度、解构旧制度的各种活动。在讨论关于规制性要素的活动时，学者们关注委托人的监督与惩罚行为，以及代理人的遵守或不遵守行为。在关于规范性制度要素的活动方面，学者们关注角色建构、工作岗位中的活动、惯例和集体行动。以惯例或习惯为例，学者们认为惯例对组织的可靠性和稳定性具有重要作用，这些重复性的行为可以长期保持组织的绩效，但也能让组织停滞不前，这便是惯例的黏性。伊丽莎白·克莱门斯（Elisabeth Clemens）研究了文化—认知性要素的活动。她认为，一个组织采取何种组织形式，与成员独特的活动剧目相关，因为这些剧目为成员的社会互动提供了样板、脚本、菜单或模式。

人工器物是制度要素的物质性载体。人类最初的人工器物是石器，最先进的人工器物则是各种复杂的计算机硬件和软件。人工器物的创造与发明是人类行为的产物，但是这种创造与发明一旦出现和推广，就会固化下来，成为客观的背景结构中的一部分。人工器物会受到三种制度要素的影响。技术性人工器物的设计会受到规制性机构出于安全考虑进行的控制，比如核能发电站就会受到规制性机构的监管，如今的自动驾驶汽车也需要特别的规制性监管。技术性人工器物还受到各种规范性过程的影响，行业协会与产业团体常常制定各种机械或技术标准以规范各种产品。人工器物也会体现和表达特定的思想观念，某些物体"承载"的符号性"内容"可能远远超过其实际物质的成本，比如国旗隐含的符号性内容就远远超过制造国旗的成本。

4. 分析层次

社会事件既会受到所处微观环境的影响，也会受到宏观背景的影响。因此，我们有必要从多个层次进行制度分析。斯科特认为，制度分析存在六大层次，即世界系统、社会、组织场域、组织种群、个体组织，以及组织子系统层次（见图1）。

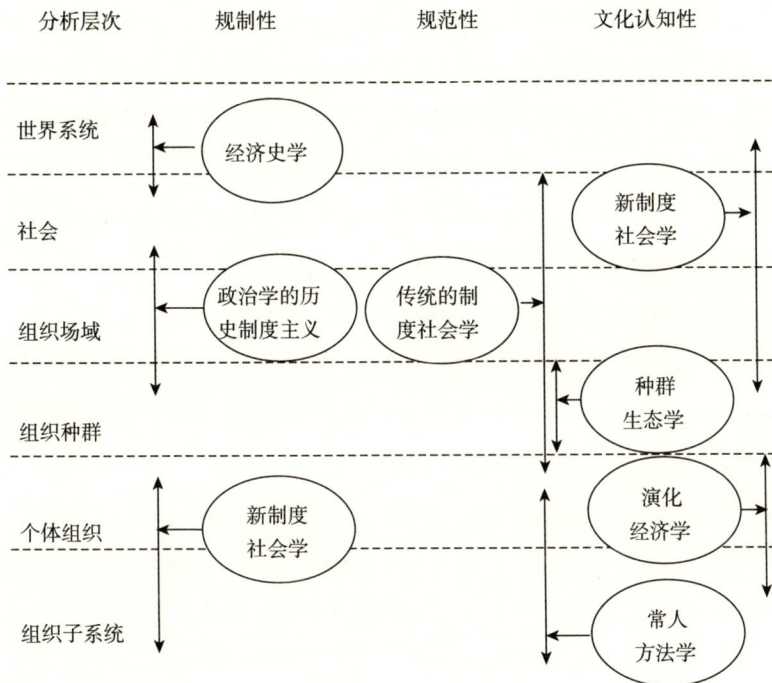

图1 三大制度要素的不同分析层次以及代表学派

资料来源：〔美〕W. 理查德·斯科特《制度与组织——思想观念、利益偏好与身份认同》（第四版），姚伟等译，中国人民大学出版社，2020，第109页。

世界系统层次主要包括全球、国际或跨国层次的分析。相关学者们主要探讨跨越各个社会和较长历史时期的结构与过程。代表性研究有沃勒斯坦（Wallerstein）以及迈耶等人对世界社会相互补充的研究。社会层次主要关注和分析国家或社会层次的结构与过程。研究这一层次的代表学者有索罗金（Sorokin）和帕森斯。组织场域层次，包括了一群具有多样性的但相互依赖、拥有共同意义系统的组织。研究这一层次的代表学者有迪马吉奥、鲍威尔、迈耶等人。组织种群层次，又称为组织人口生态学分析或者组织群体分析。组织种群是指那些具有某种共同性而聚合或集中在一起的组织，比如报业集团与工会组织。个体组织层次关注的是单个组织层次运行的制度过程。塞尔兹尼克对田纳西河流域管理局的研究是这一层次的代表性研究。组织子系统层次主要分析组织的构成单位，诸如组织的各个部门、团队等。这一层次的代表人物有罗特利斯伯格（Roethlisberger）和巴利（Barley）等人。当然，以上所说的学者的相关研究只能大体定位在某个层次上，一些重要的制度研究，实际上涉及了多个分析层次。

图1根据制度要素和分析层次进行了交叉分类，总体上显示了各个制度学派或制度研究的定位。第一，社会学学者大多强调文化—认知性制度要素并注重宏观层次的分析，即他们往往研究在跨组织层次上运行的各种制度过程。第二，组织生态学家主要是在组织种群层次上进行组织分析。组织生态学研究组织数量减少或增加问题，比如，卡罗尔（Carroll）和汉南（Hannan）发现很多组织种群开始时只是缓慢起飞，但后来会迅猛增长，他们认为这是特定组织模板或组织这类工作的原型的认知合法性日益增加的结果。第三，常人方法学以及公司文化研究者强调了组织或组织子系统层次上的各种认知性要素的重要性。第四，传统的制度社会学研究（如贝克尔、休斯、帕森斯和塞尔兹尼克等人的研究）强调的是各种规范性要素，分析的是从个体到社会各个层次上的规范性制度过程。第五，大多数经济学研究和以理性选择理

论为基础的政治学研究强调规制性制度要素。经济史学关注宏观层次，研究国际和国家规则，以及规制公司与个人经济行为的实施机制。社会学和政治学的历史制度主义，着重分析规制性机制以及在社会与产业层次上运行的治理机制。新制度经济学以及政治学中的理性选择理论，关注在组织与亚组织层次上运行的规制性过程。

四　新制度主义法学的可能性

在讨论新制度主义法学之前，我们需要区分制度法学与新制度主义法学。麦考密克和魏因贝格尔于 20 世纪在奥地利和英国分别提出"制度法学"。① 制度法学与新制度主义法学有相似之处，比如二者都认为法律是社会的一个组成部分，二者都运用社会实证的方法展开对法学的研究，但制度法学仍属于正统法学领域，而新制度主义法学属于法学外部学科对法学学科入侵的产物。新制度主义法学需要关注组织与制度之间的关系，即法律组织与制度、法律制度与组织、法律组织与法律制度之间的关系。对制度法学来说，组织研究并不是其研究领域的一部分。

相对于新制度主义学者对法律问题的关注，中国的法学学者却较少关注新制度主义。即使有所关注，也大部分集中在新制度经济学和法学研究的关系上。比如，魏益华、鲍锋认为，新制度经济学的分析路径为"经济—法律—经济"，而法经济学的分析路径为"法律—经济—法律"，从起点和终点来看，新制度经济学与法经济学仍有一定区别。② 黄宗智、高原提示我们要注意新制度经济学的形式主义和其普适的"科学主义"，不应让新制度经

① 参见温博《事实与价值的调和——制度法学的方法论》，《黑龙江省政法管理干部学院学报》2010 年第 7 期。
② 参见魏益华、鲍锋《法经济学的由来及法的经济分析成功的原因》，《税务与经济》2014 年第 2 期。

济学掩盖了中国的法律实践。① 如果新制度经济学与法学研究存在抵牾的话，那我们或许应将新制度主义扩展到社会学（或组织社会学）上，将新制度主义与法社会学相结合。因为在社会学者看来，组织现象是一个社会现象，而法律组织与制度、法律制度与组织、法律组织与法律制度之间的互动则生成了最为丰富的法律现象。这些法律现象不仅需要法经济学式的解释，更需要法社会学式的解释。

新制度主义对于法社会学的意义在于三方面。首先，新制度主义长期保持着对法律问题的关注，新制度主义与法社会学相结合能碰撞出许多思想火花。新制度主义学者对法律的认知是开放性的。斯科特认为，法律不仅仅可归类为规制性要素，也可归类为规范性要素和认知—文化性要素，"分析者不应把法律的强制功能与法律的规范性与认知性层面混淆在一起。很多法律远非以权威性的和外生性的方式运行，相反可能存在很大的争议或模糊性，因为它们没有为行为进行明确的规定"②。新制度主义也有许多关于法律与组织关系的有趣命题。除了前文讨论过的与法律有关的新制度主义研究外，科尔曼还提出过法律与组织之间关系的命题：不是法律的变迁导致组织形式的变迁，恰恰相反，由于组织日益具有独立性，法律不得不日益视之为法人，新的组织形式导致了法律的变迁。③

其次，新制度主义理论提供了分析实践的程序，可以让我们在面对现实世界时不至于坠入庞杂的资料收集与整理中。杰弗里·亚历山大（Jeffrey Alexander）对科学知识采取了一种"后实证主

① 参见黄宗智、高原《社会科学和法学应该模仿自然科学吗?》，《开放时代》2015 年第 2 期。
② 〔美〕W. 理查德·斯科特《制度与组织——思想观念、利益偏好与身份认同》（第四版），姚伟等译，中国人民大学出版社，2020，第 64 页。
③ 参见〔美〕W. 理查德·斯科特《制度与组织——思想观念、利益偏好与身份认同》（第四版），姚伟等译，中国人民大学出版社，2020，第 92 页。

义"视角，认为科学沿着一个连续体在运行，这个连续体的一端是实验环境，另一端的是抽象环境（见图2）。① 在法教义学中，知识源于抽象环境，即法条或抽象理论，而在法社会学中，知识源于田野。在理想的情况下，法社会学研究者首先进行观察或收集资料，接着提出基于材料的假设，并进行相关性检验和提出一些命题，但命题并不能直接从田野中生发出来。一般来说，法社会学研究者通常带着自己的知识框架和问题意识进入田野，或者浸淫在田野一段时间后，实践经验与知识框架相互激发，才生产出一项符合法社会学旨趣的研究。也就是说，法社会学研究者的目光需要在实践经验与理论框架之间反复穿梭。按照西蒙所说的有限理性理论，研究者不可能掌握田野中的所有信息，而且信息也会受到研究者的知识框架、性格偏好、当下情绪所影响而变质。在研究者是有限理性者的情况下，一个系统的理论框架可以为研究者设置一定范围的问题域，提供有效的信息收集和分析程序，在不可能完全理性的情况下，尽可能地提高研究的效度和信度。

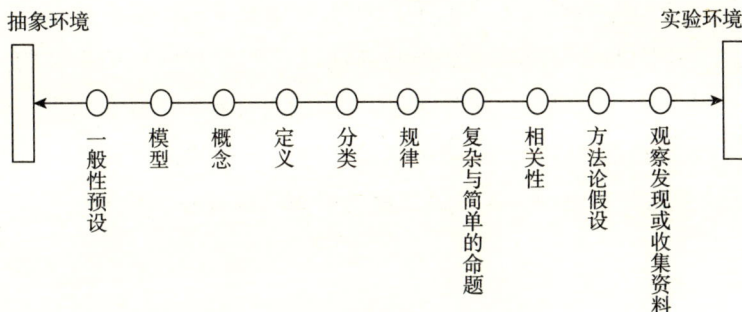

图2　科学连续体及其构成部分

资料来源：〔美〕杰弗里·C. 亚历山大《社会学的理论逻辑（第一卷）：实证主义、预设与当前的争论》，于晓等译，商务印书馆，2008，第3页。

最后，新制度主义的自觉运用能推动理论不断更新。如果将

---

① 参见〔美〕杰弗里·C. 亚历山大《社会学的理论逻辑（第一卷）：实证主义、预设与当前的争论》，于晓等译，商务印书馆，2008，第3页。

学科视为一种制度，学科知识就构成了制度的文化—认知性要素，学科伦理与标准构成了制度的规范性要素，学科的组织结构和规制学科的相关法律法规构成了制度的规制性要素。在学科知识构成研究者认知框架的情况下，如果只是不自觉地使用学科知识，研究者仅是被知识推着走。研究者只有自觉地意识到自己所使用的学科知识，才能推动知识的更新。而所谓的"自觉"指的是，研究者清楚自己在运用哪一部分的知识，清楚这一知识的有效运行范围，清楚这一知识的局限性。自觉地运用知识便构成了知识的制度化，制度化的知识便揭示了当下的知识只是暂时的，或许只是某些场域下的斗争产物，一旦利益结构、政治结构和社会结构发生改变，知识将会得到扬弃。

当前，法社会学的许多研究都可归纳到新制度主义法学阵营当中。有许多学者研究规制性制度要素和规范性制度要素，他们倾向于讨论组织的制度逻辑，比如，张洪涛运用法律组织学的方法，探讨了中国法院压力的制度性原因，[①] 他还运用此方法，分析了审判委员会所具有的降低不确定性风险的组织功能，并进一步提出，中国的法治问题更可能是各法律组织及其内部组织结构与组织功能之间的分工与配合问题。[②] 周尚君从组织学视角出发，分析了中国的党政体制、立法体制以及地方政府的法治竞争与价值治理问题。[③] 曹庭研究了人民法庭的组织演进过程，并分析了人民

[①] 参见张洪涛《中国法院压力之消解——一种法律组织学解读》，《法学家》2014 年第 1 期。

[②] 参见张洪涛《审判委员会法律组织学解读——兼与苏力教授商榷》，《法学评论》2014 年第 5 期。

[③] 参见周尚君《党管政法：党与政法关系的演进》，《法学研究》2017 年第 1 期；周尚君《地方法治竞争：分析范式与制度框架》，载周尚君主编《法律和政治科学（2019 年第 1 辑·总第 1 辑）——国家治理中的地方逻辑》，社会科学文献出版社，2019；周尚君《中国立法体制的组织生成与制度逻辑》，《学术月刊》2020 年第 11 期；周尚君《地方政府的价值治理及其制度效能》，《中国社会科学》2021 年第 5 期。

法庭与其背后的制度逻辑之间的关系。① 郭晓雨则关注各级政府指标治理的组织机制与运作逻辑，以及行政组织的执法案卷制作技术。② 侯猛对最高人民法院展开了长时段的研究。③ 陈柏峰则讨论了乡村组织的正式制度与非正式制度。④ 有部分学者研究了文化—认知性制度要素。比如，胡传鹏、邓晓红、周治金、邓小刚等人提出了"神经法学"的概念，他们认为神经法学是用认知神经科学方法研究与法律有关的心理与行为的神经机制。⑤ 郭春镇也提倡在法学与认知神经科学之间进行跨学科研究。⑥ 李学尧等人认为，认知流畅度对司法裁判具有一定影响，高流畅度带来较轻的判决，低流畅度带来较重的判决。⑦ 郭忠借用认知神经科学的相关研究分析了看守所在押犯的违法心理，为神经法学提供了又一个研究实例。⑧

① 参见曹庭《人民法庭组织演进的制度逻辑》，载周尚君主编《法律和政治科学（2020年第1辑·总第2辑）——司法过程的组织运作》，社会科学文献出版社，2020。
② 参见郭晓雨《指标治理的组织机制与运作逻辑》，载周尚君主编《法律和政治科学（2020年第1辑·总第2辑）——司法过程的组织运作》，社会科学文献出版社，2020；郭晓雨《行政执法的技术治理逻辑——基于对执法案卷制作的"行为—过程"分析》，《法制与社会发展》2021年第2期。
③ 参见侯猛《不确定状况下的法官决策——从"3Q"案切入》，《法学》2015年第12期；侯猛《中央司法权力的非集中化——从最高人民法院巡回法庭切入》，《学习与探索》2018年第5期；侯猛《纪要如何影响审判——以人民法院纪要的性质为切入点》，《吉林大学社会科学学报》2020年第6期。
④ 陈柏峰：《乡村振兴战略背景下的村社集体：现状与未来》，《武汉大学学报》（哲学社会科学版）2018年第3期；陈柏峰《乡村"混混"介入的基层治理生态》，《思想战线》2018年第5期；陈柏峰《乡村基层执法的空间制约与机制再造》，《法学研究》2020年第2期。
⑤ 参见胡传鹏等《神经法学：年轻的认知神经科学与古老的法学联姻》，《科学通报》2011年第36期。
⑥ 参见郭春镇《法律和认知神经科学：法学研究的新动向》，《环球法律评论》2014年第6期。
⑦ 参见李学尧等《认知流畅度对司法裁判的影响》，《中国社会科学》2014年第5期。
⑧ 参见郭忠《法律指引为何失效——基于某看守所在押犯违法心理调研的认知神经科学解读》，载贺欣主编《法律和社会科学》（第18卷第1辑），法律出版社，2020。

从文化研究和人类学的角度来说，王启梁关于少数民族法律问题的研究也归属于文化—认知性层面。[①] 当前，关于文化—认知性制度要素的研究较少，这一领域仍有待开发。[②] 在分析层次上，以上学者的研究都涉及社会、组织场域、组织种群、个体组织和组织子系统等层次。如果将这些研究都纳入新制度主义法学的范围内，并整合出这一研究领域的研究范围、研究方法和研究特点，或许有利于新制度主义法学的生产与再生产，推动法社会学理论的精细化。

五　结语

斯科特作为新制度主义的代表人物，其著作《制度与组织——思想观念、利益偏好与身份认同》对组织和制度理论进行了简明扼要而又谱系清晰的介绍。这本书帮助读者建立了关于组织和制度研究的理论谱系，有助于读者参与新制度主义的对话当中。在某种意义上，斯科特的研究是成功的，他的综合性理论尽可能地涵盖了主要的制度理论，分析比较了它们之间的异同。但制度理论内容庞杂，每位学者的研究方法各有差异，一个综合性的理论很难涵盖新制度主义的所有内容。而且概念和理论本身一直在自我更新，一个静态的理论框架很难适用于一个处于动态变化的理论流派。此外，新制度主义并不是唯一视角，组织社会学中还存在组织决策、社会网络等理论。每种理论都有其独特的视角，而新制度主义的独特之处在于：研究者既应在微观方面关注组织的

---

① 参见王启梁《传统法文化的断裂与现代法治的缺失——少数民族农村法治秩序建构路径选择的社区个案研究》，《思想战线》2001 年第 5 期；王启梁《非正式制度的形成及法律失败——对纳西族"情死"的法律人类学解读》，《云南民族大学学报》（哲学社会科学版）2006 年第 5 期。

② 笔者认为，"法律文化论"的提出者梁治平先生的相关研究不属于文化—认知性制度要素的研究范围，因为梁治平先生的研究更倾向于法哲学，而关于文化—认知性制度要素的研究首先是社会学的，二者的研究旨趣大相径庭。

技术环境，也应在宏观方面关注组织的制度环境。中国的法社会学研究者具有从宏观层次、中观层次和微观层次分析问题的学术特点。新制度主义所关注的组织与制度问题，以及其多层次的理论视角，正贴合了中国法社会学的研究旨趣。如今，中国法社会学研究正处于青春期，如何推动中国法社会学研究进一步发展，成为学者们的重要使命。通过运用新制度主义理论对中国法社会学研究进行整合与提炼，形成新制度主义法学，我们或许能推动中国法社会学的更新，激发出更多的具有中国特色的法学命题。

Institutions and Organizations: A Comprehensive Theory
——Also on the Significance of New Institutionalism to Sociology of Law

Wu Jianfeng

Abstract: New institutionalism comes from institutional theories in economics, politics and sociology, as well as related research in psychology and anthropology. Institutional theories are complicated, and W. Richard Scott tried to use a comprehensive theoretical framework to integrate the early institutional theories and the new institutionalism theories. Scott divided the three major institutional elements of regulatory, normative, and cultural-cognitiveness, and used logic, initiative, carrier, and analysis levels to present new institutionalist analysis methods and problem areas. Scott's comprehensive theory provides us with a theoretical map of new institutionalism, allowing us to more easily participate in the dialogue of new institutionalism. In addition, new institutionalism has opened many dialogues with law and economics in China. However, as an important theory of sociology, the new institutionalism failed to initiate a dialogue with sociology of law in China. From the perspectives of new institutionalism's attention to law, the relationship between theory and practice, and theoretical consciousness, there is a lot of room for advancing new institutional legal research within sociology of law, and Scott's comprehensive theory provides a theoretical blueprint for us.

Keywords: New institutionalism; Institutional theory; Organizational research; Sociology of law

稿　约

　　《法律和政治科学》（*Law and Political Science*）是西南政法大学主管、西南政法大学期刊社指导、行政法学院和政治与公共管理学院联合主办的法学类学术集刊。

　　本刊旨在推动法学与政治学、社会学、公共政策学等跨学科、跨领域深度融合，倡导"大社会科学"理念，鼓励人文社会科学与自然科学合作。本刊坚持以习近平新时代中国特色社会主义思想为指导，"恪守学术标准、坚持问题导向、扎根中国实践"，瞄准国家和区域发展重大战略和学科前沿发展方向，在学术命题、学术思想、学术观点、学术标准、学术话语上着力，通过学科交叉、学术交融、学者交流互动实现集刊的特色发展、内涵发展。

　　《法律和政治科学》由社会科学文献出版社出版，并纳入该社集刊方阵，严格按照集刊准入标准进行建设。现诚挚向各位专家学者征集稿件，用稿范围包括但不限于专论、研究报告、学术争鸣、译介等。来稿请通过网络投稿系统提交：https://www.jikan.com.cn/FLZZ，或发送至：lps2019@126.com。对于录用稿件，本刊将向作者寄送样刊 2 本，并略奉薄酬。

　　稿件格式规范附后，供参考。

《法律和政治科学》编辑部

《法律和政治科学》学术规范及注释体例

一、来稿请附 300～500 字左右的"内容摘要"及 3～5 个"关键词"。

二、注释序号用①、②、③……标识，每页单独排序。

三、本刊提倡引用正式出版物，出版时间精确到年；第 2 版及以上注明版次。根据被引资料性质，可在作者姓名后加"主编""编译""编著""编选"等字样，但"著"则不加。作者或译者为三人以上者，署第一作者名加"等"字。

四、引用页码应明确到具体的页码。

五、非直接引用原文时，注释前加"参见"；非引用原始资料时，应注明"转引自"。

六、注释范例

（1）著作类

钱穆：《中国历代政治得失》，三联书店，2011，第 1 页。

（2）译著类

〔美〕布雷恩·Z. 塔马纳哈：《论法治——历史、政治和理论》，李桂林译，武汉大学出版社，2010，第 156 页。

（3）编著类

朱景文主编《中国法律发展报告——数据库和指标体系》，中国人民大学出版社，2007，第 58 页。

（4）文集类

《毛泽东文集》（第 7 卷），人民出版社，1999，第 31 页。

张文显：《变革时代区域法治发展的基本共识》，载公丕祥主编《法制现代化研究》（2013 年卷），法律出版社，2014，第 28 页。

（5）辞书类

《辞海》，上海辞书出版社，1979，第 345 页。

（6）期刊类

周尚君：《地方法治竞争范式及其制度约束》，《中国法学》

2017 年第 3 期。

（7）报纸类

姚建宗：《法治指数设计的思想维度》，《光明日报》2013 年 4 月 9 日，第 11 版。

（8）中文网站类

赖建平：《股权分置改革试点中急需澄清的若干法律问题》，搜狐财经，2005 年 7 月 11 日，http://business. sohu. com/20050711/n226265893. shtml。

（9）英文类

①论著类

Neil Mac Cormic, *Legal Reasoning and Legal Theory*, Oxford: Oxford University Press, 1978, pp. 92 – 93.

②论文类

Jan Paulson, Arbitration of International Sports Disputes, 9 *Arb. Int'l* (1993): 395, 360.

（10）转引类

江必新：《中国行政诉讼制度之发展——行政诉讼司法解释解读》，金城出版社，2001，第 186 页，转引自胡建淼主编《行政诉讼法学》，高等教育出版社，2003，第 30 页。

（11）其他

张著良：《强制执行股权法律问题研究》，硕士学位论文，西南政法大学，2001，第 20 页。

李忠诚：《如何看待"测谎仪"》，中国诉讼法学研究会 1999 年会论文。

（2001）海知初字第 104 号民事判决书。

《国家税务总局关于出口货物退（免）税若干问题的通知》，国税发（2003）139 号。

图书在版编目（CIP）数据

法律和政治科学. 2021 年. 第 2 辑：总第 4 辑：国家
治理中的政治理性 / 周尚君主编. -- 北京：社会科学
文献出版社，2021.12
　ISBN 978 - 7 - 5201 - 9498 - 3

　Ⅰ.①法…　Ⅱ.①周…　Ⅲ.①法学 - 政治学 - 研究②
国家 - 行政管理 - 研究 - 中国　Ⅳ.①D90 - 05②D630.1

　中国版本图书馆 CIP 数据核字（2021）第 261513 号

法律和政治科学　（2021 年第 2 辑·总第 4 辑）
　　——国家治理中的政治理性

主　　编 / 周尚君

出 版 人 / 王利民
组稿编辑 / 李　晨
责任编辑 / 高　媛
文稿编辑 / 王楠楠
责任印制 / 王京美

出　　版 / 社会科学文献出版社·政法传媒分社（010）59367156
　　　　　　地址：北京市北三环中路甲 29 号院华龙大厦　邮编：100029
　　　　　　网址：www.ssap.com.cn
发　　行 / 市场营销中心（010）59367081　59367083
印　　装 / 三河市尚艺印装有限公司

规　　格 / 开 本：787mm × 1092mm　1/16
　　　　　　印 张：14.75　字 数：186 千字
版　　次 / 2021 年 12 月第 1 版　2021 年 12 月第 1 次印刷
书　　号 / ISBN 978 - 7 - 5201 - 9498 - 3
定　　价 / 89.00 元